高校教育管理创新研究

汪文娟 何龙 杨锐 ◎ 著

北京工业大学出版社

图书在版编目（CIP）数据

高校教育管理创新研究 / 汪文娟，何龙，杨锐著. — 北京：北京工业大学出版社，2018.12（2021.5 重印）

ISBN 978-7-5639-6669-1

Ⅰ．①高… Ⅱ．①汪… ②何… ③杨… Ⅲ．①高等学校－教育管理－研究 Ⅳ．① G640

中国版本图书馆CIP 数据核字（2019）第 022354 号

高校教育管理创新研究

著　　者：汪文娟　何　龙　杨　锐
责任编辑：李俊焕
封面设计：点墨轩阁
出版发行：北京工业大学出版社
　　　　　（北京市朝阳区平乐园 100 号　邮编：100124）
　　　　　010-67391722（传真）　bgdcbs@sina.com
经销单位：全国各地新华书店
承印单位：三河市明华印务有限公司
开　　本：787 毫米 ×1092 毫米　1/16
印　　张：11
字　　数：220 千字
版　　次：2018 年 12 月第 1 版
印　　次：2021 年 5 月第 2 次印刷
标准书号：ISBN 978-7-5639-6669-1
定　　价：48.00 元

版权所有　　翻印必究

（如发现印装质量问题，请寄本社发行部调换 010-67391106）

前　言

百年大计，教育为本。要实现全面建设小康社会和中华民族伟大复兴的中国梦，必须坚持实施科教兴国战略和人才强国战略，把教育摆在现代化建设优先发展的战略地位。国家提出要重点建设若干所世界一流大学和一批高水平大学，这是关系国家整体利益和 21 世纪中华民族前途命运的重大决策。高水平大学是培养高层次人才的主要阵地，其培养的目标是培养具有创新精神和实践能力的高级人才，而科学、规范的学生管理制度是实现这一目标的重要保证。近年来，教育事业实现了跨越式发展，教育改革取得了突破性进展，国民受教育程度逐步提高。但是，教育面临的挑战依然十分严峻，教育整体水平离实现全面建设小康社会目标还有很大差距。加之，由于高校连续扩招，学生数量迅速增长，新生素质构成趋向复杂化，使得高校学生的日常管理和思想政治教育的工作量相应增大。同时，市场经济的发展、高校体制改革、收费制度的实行、就业方式的转换、学分制的施行等给大学生的思想观念、价值取向带来了影响，也给学生管理理念、模式等带来了挑战。所有这些新情况、新问题都迫切要求高等教育学生管理者总结经验，探索适应不同类型高校的学生管理模式。

本书首先分析了我国高校教育管理理念及教育管理的工具性价值，系统地梳理了我国高校教育管理的思想和理念以及高校教育管理的效率、秩序、民主价值。其次，通过对高校教育管理创新的分析，探究了高校教育在学生管理、教师管理、文化管理、课程管理、考试管理及行政管理等方面的创新工作，面对当前我国高校教育管理模式出现的一些问题，提出了探索创新我国高校教育管理模式的一些对策。在管理理念上，建议高校教育管理工作者坚持服务和引导并重，树立以学生为本的思想，注重体现学生的主体地位。在学生管理手段上，实行多样化的学生管理模式等。

本书共八章，约 22 万字。其中第一章、第二章及第八章约 10 万字，由安徽公安职业学院汪文娟撰写；第三章、第四章及第五章约 6 万字，由河北医科大学何龙撰写；第六章及第七章约 6 万字，由河北医科大学杨锐撰写。限于作者时间和精力有限，高校教育管理创新相关问题尚需进一步深化研究，书中不足之处，望广大读者批评指正。

作　者

2018 年 12 月

目 录

第一章 现代高校教育管理理念 ·· 1
    第一节 现代高校教育管理理念的概念和思想内涵 ················ 1
    第二节 现代教育管理理念下的高校教学观、教师观和学生观 ···· 5

第二章 高校教育管理的工具性价值 ·· 19
    第一节 高校教育管理的效率价值 ······································ 19
    第二节 高校教育管理的秩序价值 ······································ 30
    第三节 高校教育管理的民主价值 ······································ 42

第三章 高校教育学生管理创新 ··· 51
    第一节 高校学生管理面临的问题 ······································ 51
    第二节 高校学生管理存在问题的原因分析 ························· 53
    第三节 高校学生管理工作加强和改进的对策 ····················· 56

第四章 高校教育教师管理创新 ··· 65
    第一节 高校教师管理的现状 ·· 65
    第二节 高校教师管理存在的问题 ······································ 66
    第三节 高校教师管理改革的发展趋势 ································ 70
    第四节 高校教师管理模式的改进 ······································ 70

第五章 高校教育文化管理创新 ··· 83
    第一节 文化和文化管理的内涵及发展过程 ························· 83
    第二节 高校文化管理的特点和意义 ··································· 85
    第三节 高校文化素质教育的管理现状 ································ 88
    第四节 高校文化管理的举措 ·· 89

第六章　高校教育课程管理创新 ·· 93
第一节　高校课程管理研究的现状 ·· 93
第二节　国外高校的课程管理体制与课程管理活动 ················· 97
第三节　国内高校课程建设存在的主要问题 ························· 101
第四节　我国高校课程管理体制的改革与构建 ····················· 107

第七章　高校教育课程考试管理创新 ·· 111
第一节　高校课程考试管理概述 ·· 111
第二节　高校课程考试管理存在的问题及原因分析 ·············· 114
第三节　高校课程考试遵循的原则和运行条件探讨 ·············· 121
第四节　高校课程考试管理改革的对策 ······························ 125

第八章　高校教育行政管理创新 ·· 135
第一节　高等院校行政管理体制改革的研究 ························ 135
第二节　我国高校行政管理的制度分析及现存的主要问题 ······ 138
第三节　我国高校行政管理体制改革的依据 ························ 150
第四节　我国高校行政改革的主要思路、对策和建议 ············ 158

参考文献 ··· 170

第一章
现代高校教育管理理念

第一节 现代高校教育管理理念的概念和思想内涵

从广义上讲，教育管理理念是关于教育的一般原理和规律的理想的观念。当代教育家在总结前人教育思想的基础上，以社会未来人才需求为前提，形成了对教育未来发展的认识理念。他们指出，"所谓教育管理理念，是指关于教育未来发展的理想的观念，它是未来教育发展的一种理想的、永恒的、精神性的和终极的范型"。现代教育管理理念为我们提出了教育的理想模式，它作为社会文化的典型代表，保持着对社会政治、经济、文化发展的前瞻性。

经过长期对教育实践和教育理论的深入研究，人们为现代教育理念赋予了比较深刻的思想内涵。一方面，在理论层面上，现代教育理念改变了传统教育侧重应试教育的特征，突破了经验导向的束缚，内容上更加系统，更具有针对性，被赋予了创新精神、冒险精神、开拓精神和批判精神等思想内涵，显示出了客观、可信的科学特征；另一方面，在操作层面上，现代教育理念在指导教育实践过程中更加成熟，呈现出包容性、可行性、持续性的特点，势必对高校教学起到很好的导向作用。现代教育管理理念归纳起来包括以下几个方面。

一、以人为本的理念

当今，社会已经由重视科学技术为主发展到以人为本的时代，教育作为培养和造就社会所需要的合格人才以促进社会发展和完善的崇高事业，自然应当全面体现以人为本的时代精神。因此，现代教育强调以人为本，把重视人、理解人、尊重人、爱护人、提升人和发展人的精神贯穿于教育教学的全过程、全方位，它更关注人的现实需要和未来发展，更注重开发和挖掘人自身的禀赋和潜能，更重视人自身的价值及其实现，并致力于培养人的自尊、自信、自爱、自立、自强意识，不断提升人们的精神文化品位和生活质量，从而不断提高人的生存能力和发展能力，促进人自身的发展与完善。鉴于此，现代教育已成为增强民族凝聚力的重要手段，成为综合国力的基础并日益融入时代的潮流之中，倍受人们的青睐与关注。

二、全面发展的理念

现代教育以促进人的自由全面发展为宗旨，因此，它更关注人的发展的完整性、全面性。表现在宏观上，它是面向全体公民的国民性教育，注重民族整体的全面发展，以大力提高和发展全民族的思想道德素质和科学文化素质，提高民族的知识创新能力和技术创新能力，增强包括民族凝聚力在内的综合国力为根本目标；表现在微观上，它以促进每一个学生在德、智、体、美、劳等方面的全面发展与完善，造就全面发展的人才为己任。这就要求人们在教育观念上实现由精英教育向大众教育、由专业性教育向通识性教育的转变，在教育方法上采取德、智、体、美、劳等并举、整体育人的教育方略。

三、素质教育的理念

现代教育扬弃了传统教育重视知识的传授与吸纳的教育思想与方法，更注重教育过程中知识向能力的转化工作及其内化为自身的良好素质，强调知识、能力与素质在人才整体结构中的相互作用、辩证统一与和谐发展。针对传统教育重知识传递、轻实践能力，重考试分数、轻综合素质等弊端，现代教育更加强调学生实践能力的锻造，全面素质的培养和训练，主张能力与素质是比知识更重要、更稳定、更持久的要素，把学生综合素质的培养与提高作为教育教学的中心工作来抓，以帮助学生学会学习和强化素质为基本教育目标，旨在全面开发学生的多种素质潜能，使知识、能力、素质和谐发展，提高人的整体发展水平。

四、创造性理念

传统教育向现代教育的重要转型之一，就是实现由知识性教育向创造力教育转变，因为知识经济更加彰显了人的创造性作用，人的创造力潜能成为最具有价值的不竭资源。现代教育强调教育教学过程是一个高度创造性的过程，以点拨、启发、引导、开发和训练学生的创造力才能为基本目标，它主张以创造性的教育教学手段和优美的教育教学艺术来营造教育教学环境，以充分挖掘和培养人的创造性，培养创造性人才。现代教育认为，完整的创造力教育是由创新教育（旨在培养学生的创新精神、创新能力与创新人格）与创业教育（指在培养学生的创业精神、创业能力与创业人格）二者结合而形成的生态链构成，因此，加强创新教育与创业教育并促进二者的结合与融合，培养创新、创业型复合性人才成为现代教育的基本目标。

五、主体性理念

现代教育是一种主体性教育,它充分肯定并尊重人的主体价值,宣扬人的主体性,充分调动并发挥教育主体的能动性,使外在的、客体实施的教育转换成受教育者主体自身的能动活动。主体性理念的核心是充分尊重每一位受教育者的主体地位,"教"始终围绕"学"来开展,以最大限度地开启学生的内在潜力与学习动力,使学生由被动地接受性客体变成积极的、主动的主体和中心,使教育过程真正成为学生自主自觉的活动和自我建构过程。为此,它要求教育过程要从传统的以教师为中心、以教材为中心、以课堂为中心转变为以学生为中心、以活动为中心、以实践为中心,倡导自主教育、快乐教育、成功教育和研究性学习等新颖活泼的主体性教育模式,以激发学生的学习热情,培养学生的学习兴趣和习惯,提高学生的学习能力,使学生积极主动地、生动活泼地学习和发展。

六、个性化理念

丰富的个性发展是创造精神与创新能力的源泉,知识经济时代是一个创新的时代,它需要大批具有丰富而鲜明个性的个性化人才来支撑,因此它催生出个性化教育理念。现代教育强调尊重个性,正视个性差异,张扬个性,鼓励个性发展,它允许学生发展的不同,主张针对不同的个性特点采用不同的教育方法和评估标准,为每一位学生的个性充分发展创造条件。它把培养完善个性的理念渗透教育教学的各个要素与环节之中,从而对学生的身心素质特别是人格素质产生深刻而持久的影响力。个性化理念在教育实践中首先要求创设和营造个性化的教育环境和氛围,搭筑个性化教育大平台;其次在教育观念上,它提倡平等观点、宽容精神与师生互动,承认并尊重学生的个性差异,为每一位学生个性的展示与发展提供平等机会和条件,鼓励学习者各显神通;最后在教育方法上,它注意采取不同的教育措施施行个性化教育,注重因材施教,实现从共性化教育模式向个性化教育模式转变,给个性的健康发展提供宽松的生长环境。

七、开放性理念

当今时代是一个空前开放的时代,科学技术的日新月异,信息的网络化,经济的全球化使世界日益成为一个更加紧密联系的有机整体。传统的封闭式教育格局被打破,取而代之的是一种全方位开放式的新型教育,它包括教育观念、教育方式、教育过程的开放性,教育目标的开放性,教育资源的开放性,教育内容的开放性,教育评价的开放性等。教育观念的开放性指民族教育要广泛吸取世界一切优秀的教育思想、理论与方法为我所用；教育方式的开放性指教育要走国际化、产业化、社会化的道路；教育过程的开放性指教育要从学历教育向终身教育拓宽，从课堂教育向实践教育、信息网络化教育延伸，从学校教育到社区教育、社会教育拓展；教育目标的开放性指教育旨在不断激发人的创造潜能，不断提升人的自我发展能力，不断拓展人的生存和发展空间；教育资源的开放性指充分开发和利用一切传统的、现代的、民族的、世界的、物质的、精神的、现实的、虚拟的等各种资源用于教育活动，以激活教育实践；教育内容的开放性指教育要面向世界、面向未来、面向现代化设置教育教学环节和课程内容，使教材内容由封闭、僵化变得开放、生动和更具现实包容性与新颖性；教育评价的开放性指打破传统的单一文本考试的教育评价模式，建立多元化的更富有弹性的教育评价体系与机制。

八、多样化理念

现代社会是一个日益多样化的时代，随着社会结构的高度分化，社会生活的日益复杂和多变，以及人们价值取向的多元化，教育也呈现出多样化发展的态势。这首先表现在教育需求多样化，为适应经济社会发展的要求，人才的规格、标准必然要求多样化；其次表现在办学主体多样化，教育目标多样化，管理体制多样化；最后还表现在灵活多样的教育形式、教育手段，衡量教育及人才质量的标准多样化等，这些都为教育教学过程的设计与管理提出了更高的要求与挑战。它要求根据不同层次、不同类型、不同管理体制的教育机构与部门进行柔性设计与管理，更推崇符合教育教学实践的弹性教学与弹性管理模式，主张为教育事业的发展提供更加宽松的社会政策法规体系与舆论氛围，以促进教育事业的繁荣与发展。

九、系统性理念

随着知识经济的不断发展，终身教育成为现实，教育成为伴随人的一生的最重要的活动之一。因而，教育不再仅仅是学校单方面的事情，也不仅仅是个人成长的事情，而是社会进步与发展的大事，是整个国民素质普遍提高的事情，是关乎精神文明建设及"两个文明"协调发展的全局性、战略性大业，它是一项由诸多要素组成的复杂的社会系统工程，涉及许多行业和部门，所以需要全社会普遍参与、共同努力才能做好。与传统教育不同，转型时期我国正在形成的是一种社会大教育体系，它需要在系统工程的理念指导下进行统一规划、设计和一体化运作，以培养人们的学习能力，提升人们的生存能力和发展能力为目标，以实现社会系统内部各环节、各部门的协调运作、整体联动为基础，把健全教育社会化网络作为构成教育环境的中心工作来抓，促进大教育系统工程的良性运行与有序发展，以满足学习化社会对教育发展的迫切要求。

第二节 现代教育管理理念下的高校教学观、教师观和学生观

一、现代教育管理理念下的高校教学观

教学观支配着教师的教学实践活动，决定着教师在教学活动中采取的态度和方法。由教师的教向学生的学转化是现代教学观，现代教学观要求使用发展的观点来看待学生，着眼于调动学生学习的积极性和主动性，教给学生学习的方法，培养学生学习的能力，即着眼于培养学生不断学习、不断探索、不断创新的能力，以适应不断变化的社会。

现代教育理念是高校教学观的理论基础，而现代教育理念的核心思想则是高等教育理论的基石。西方教育理论认为，"真正的教育应先获得自身的本质，教育须有信仰，没有信仰就不能称其为教育，而只是教育的技术而已"。在我国，现代教育理念逐渐明确了其思想信仰，它囊括了以人为本、尊重知识和尊重人才、建立和谐教育环境等思想内涵。在此基础上，高校教学观明确了教育者和受教育者双方的权利和义务：教师为受教育者提供优质高效的服务，重视学习者的意愿和价值观，而学生具有选择知识、获取知识、选择教师的权利。

现代教育理念包括理论与实践的研究，是大教育观，它注重整体性和方向性的研究。高校教学观是现代教育理念在操作层面中的运用，是实践现代教育理念的工具和手段，因此，现代教育理念与高校教学观是紧密相连的。但是，在教学实践中，现代教育理念与高校教学观却常常脱节。一位教师虽然接受了现代教育理念，并接受了相应的培训，但是其原有的教学思想仍然制约着教学水平的发挥。因此，高校教师和教学管理者掌握现代教育理念，并将其转化为指导教育实践的教学观，有着非常重要的现实意义。

（一）教学以及教学观的含义

教学是学校的中心工作，是育人的基本实践活动。教学观就是教师对教学的认识或对教学的主张，具体地说，就是教师对教学目标、教学过程、教学对象等基本问题的认识。教师从这一认识出发，确定教学目标，选择教学

方法,并决定了教师在教学中对教育对象采取的态度。因此,有什么样的教学观,就有什么样的教学行为,不同的教学行为必然导致不同的教学效果。

长期以来,陈旧的教学观念禁锢着人们的思想,影响、支配着教师的教学行为,并表现在平时的教学工作中。

首先,它将教学目标的确立直接指向知识的传授,让学生最大限度地识记课堂传授的知识,成为教学的中心和唯一任务。教师忽视从学生将来的发展考虑,忽视学生的个性差异,为了应付考试,忽视能力与非智力因素的培养。

其次,教师直观主教,忽略学生的学,学生成为被动接受知识的"容器",信息交流的方式较为单一,课堂成为讲堂。由于教师不够重视对学生活动的反馈,学生缺乏学习的主动性和积极性,学生扮演了配合教师完成教案的角色。

最后,教师在课堂上运用"题海战术",让学生做大量的练习,没有留给学生充分思考、消化知识的时间,从而占据了学生课堂上的自主学习时间,"以练代讲"加重了学生的学习负担。

上述保守、片面的教学观念以及由此产生的教学行为方式是与现代化社会发展的要求不相适应的,更与未来社会的发展相悖。时代要求我们必须进行教学观的革新,树立现代教学观。

(二)现代教学观的基本主张

传统教学观的核心是"仓库理论",它以教师为圆心,把学校作为单纯传授知识的场所,把书本知识作为主要教学内容,把学生当成被动地接受知识的工具,把分数看成是评估学校教育、教师教学和学生成绩的唯一标准,其结果严重阻碍了学生的积极思维,忽视了学生自我能力的培养,高分低能,不利于现代人才的成长。而现代教学观念则完全摒弃了这些落后的想法和方式,试图用崭新的教学观来改变这种现象,因此在现代教学观念的指导下进行了一系列的现代教学改革。现代教学观念的基本主张包括以下几个方面。

1. 学科教学的最终目标是促进学生的全面和谐发展

学科教学作为教育的基本活动形式,其目标应全面体现教育的培养目标,体现教育功能的前瞻性,体现学生的全面发展。总之,学科教学的终极目标,不仅要使学生掌握一定的知识技能,而且还要发展学生的智力和体力,与此同时,还要培养学生正确的世界观,形成健康的个性品质,即学科教学的最终目标是促进学生全面和谐的发展。

教学的基本价值、基本作用、基本任务都决定了教学的最终目标是全面育人。全面育人既是教学的终极目标,又是深化教学改革的目标。在这方面,许多有识之士进行了卓有成效的探索，例如，江苏南通李吉林老师在教学过程中以"诱发学生的主动性"为出发点，渗透"教育性"，着眼"创造性"，贯穿"实践性"，从而达到学生主动参与，在学习中受到教育、发展能力等教学的根本目的。

2. 从"以教育者为中心"转变为"以学习者为中心"

（1）在教学中调动学生的积极性。

教师和学生是教学活动的两个基本要素，在教学活动中，教师与学生都以确定的对方为前提，只强调某一方，取消或忽视另一方，都不可能构成或进行有效的教学活动。教与学既相互独立又相互依赖，彼此以对方的存在为依据。

（2）创建全新的教学方法。

教学是一种有目的有计划地培养人的创造性活动。现代教学绝不是单纯地传授知识，更重要的是发展学生的智力，发展学生内在创造潜能，全面提高学生素质，这就要求改变传统教学方法，创建全新的教学方法体系，更充分地发挥教学的多方面功能，以实现人的素质全面和谐的发展。

3. 从"教学生学"到"教学生自己学"的转变

传统的教学往往是教师教学生学，学生处于被动的状态，没有主动性和积极性，所以有"灌输"一词。而现在，随着生产力水平的提高，社会进步和科技发展日益加快，科学越来越呈现出高度分化又高度综合的格局，人们的智能急剧增长，环境恶化、知识陈旧、更新等问题都扑面而来。如果学生在学校学习没有创新，那么他一生将永远是模仿和抄袭。学生的创造性就像创造性学习一样，是使个人做好准备，为了在行动上与新情况相协调的一种读书模式，它能使学生在理解书本知识的基础上，学会使用预测、模拟、模型和情景描述等方法技巧，来考虑趋势，制定计划，评估目前决策的未来后果，同时注重理论和实践的结合，创造性地解决各种复杂的问题。在教学中，教师不但要让学生学习知识，更要抽出大量的时间来培养学生自主学习的能力，这是现代教学观念的最重要之处。

二、现代教育理念下的高校教师观

教师观即教师的教育观念，是教师对教师职业的特点、责任、教师的角色以及科学履行职责所必须具备的基本素质等方面的认识，它直接影响着教师的直觉、判断，进而影响其教学行为。不同的教育理念会产生不同的教师观，下面简述一下现代教育理念下的现代教师观，通过对现代教师观的论述，使教师了解现代教师的职责和特点，明确现代社会对教师的期望和要求，提高教师的现代意识，使教师树立正确的现代教师观，实现教师角色的准确定位，提高教师的素质，以便全面的履行教师的职责，成为符合新世纪素质要求的教师。

（一）教师及其重要性

教师是随着社会发展的需要而产生的，人类为了生存和发展，需要把在社会实践中积累的丰富经验传递给下一代，由此便产生了学校，同时也就产生了教师。《中华人民共和国教师法》中规定："教师是履行教育教学职责的专业人员，承担教书育人、培养社会主义事业建设者和接班人、提高民族素质的使命。""教师"有广义和狭义之分。从广义上说，凡是增进他人的知识技能、影响他人思想品德形成的人，都可以称作"教师"。从狭义上说，是指学校教育活动中的教师，即在各级各类学校及其他教育机构中专门从事教育教学工作的专业人员。《中华人民共和国教师法》中指的教师以及我们平时所说的教师是指狭义的教师。教师的职业既古老又年轻，既平凡又崇高。教师的作用主要体现在以下几个方面。

1. 教师在人类社会发展中的作用

第一，传递和传播人类的科学文化技术知识，对人类社会的延续和发展起着桥梁作用。人类在长期的社会实践活动中所积累下来的科学文化技术知识，主要是通过教师的劳动得以传播的，没有教师，人类积聚起来的科学文化技术知识就难以传递，新一代的教育和培养就无法进行，人类社会自然也就难以延续和发展。而且，随着社会文明程度的提高，生产的发展和科学技术的进步，教师的这种作用就会更加突出。

第二，培养人良好的思想、塑造人高尚的品德。教师不仅要向受教育者传递和传播人类所积累起来的科学文化技术知识，而且应当培养受教育者的思想，塑造他们的品德，这是自古以来教师同时肩负的两项重任。

2. 教师在教育过程中的作用

在教育过程中，教师起着主导的作用，这主要是因为：首先，教师是代表社会要求的施教者；其次，教师是专门的教育工作者；最后，教师是教育活动的组织者和领导者。肯定教师的主导作用，并不意味着否定学生在教育过程中的主动性，教师的主导作用和学生主动性的发挥相辅相成。教育过程的客观规律是：教师主导作用的正确的、完全的实现，其结果必然是学生主动性的充分发挥。

3. 教师在社会中的地位

教师在人类社会的延续和发展中起着重要作用，他们的社会地位自然也是崇高的。在我国一直存在着尊师的优良传统，古人有"天地君亲师"之说，把教师的地位同"天地君亲"并列。但是在我国封建社会时期，"学而优则仕"的思想影响也不小，很多人历来以官位或权限的大小来看待其个人的社会地位，因而，教师这种职业，自然很难受到应有的重视，所以教师的社会政治经济地位十分低下。

新中国成立后，我国教师的劳动得到了人们的尊重，教师的地位也得到了相应的提高。十八大以来，党和国家十分重视科学知识和知识分子（包括教师）在社会主义现代化建设中的重要作用，落实了知识分子政策，在一定程度上提高了教师的政治地位，改善了教师的生活待遇。随着经济的发展和社会文明的进步，教师必将成为让人羡慕和受人尊敬的职业。

（二）现代教师观念的基本内容

教师的教育观念是教师在教育教学中所形成的对相关教育现象，特别是对自己的教学能力和所教学生的主体性认识，它直接影响着教师的知觉、判断，进而影响其教学行为。传统有关教师的研究主要考察教师的行为是如何影响学生的行为，进而影响学生学习的，主要集中于研究教师可观察的外部行为。下面将从现代教师的使命、现代教师的劳动特点以及现代教师应具有的素质等方面进行简要的论述，旨在为我国教师观念的研究提供一些新的思路，并以此更好地指导教师的教育教学和师资培训。

1. 现代教师的使命

努力学习，提高自身素质。教师要走在学生的前面，要培养出适应时代发展需要的学生，首先要有能够把握时代脉搏，善于发现时代发展需求并积极采取行动的教师。不断学习，尽快适应时代发展对教师提出的新要求，是当代教师的首要任务。当代中国大部分的教师都是善于命令，不善于商量；善于管住，不善于引导帮助；善于课内讲授，不善于组织活动，并且重投入轻产出，重质量轻效率，重接受轻发现，重知识轻性格，重模仿轻独创，要改变这种状况，教师必须更新观念，增长才干，全面提高自身的素质。

实施素质教育，切实提高全民族素质。努力学习，扬长避短，在学习中超越，在学习中创新，这是我们唯一的选择。教师不仅要更新自己，更要更新学生，不仅要重塑自己，更要重塑学生。所谓重塑，主要是指打破过去的陈规陋习，站在时代发展的高度，用新的需求来呼唤人、要求人和培养人，以适应当今时代的四大趋势，并以促进这四大趋势的发展为目的，重新设计我们的教育目标、教育制度、教育内容和教育方法，把素质教育真正落到实处。

勇于创新，并形成自己的教育特色和教学风格。学生素质的提高和教育理论的革新，最终都依赖于广大教师的教育创新。如果全国的教师都用一样的教材、一样的方式方法进行教育教学，我国的教育理论就不会革新，而学生的充分发展就不能实现，提高民族素质就会在僵死的教条与模式中流于形式。所以说，要完成高效率地提高学生素质的历史使命，每一位教师都必须彻底解放思想，坚持实践是检验真理的唯一标准，只要是有利于贯彻党的教育方针，有利于高效率地提高学生的素质，促进学生全面主动和谐地发展，有利于提高教育的质量和效益，就要大胆地创新，不要迷信任何权威与模式。要知道，真正的最优教学方法，只存在于教师自己的创造性劳动中，只有不断地创新，才能找到适合于每个班级、每个教师、每个学生的最优教学方法，并形成自己的特色与风格。

2. 现代教师的劳动特点

教师劳动的对象是人，劳动的产品也是人，它所要处理的矛盾，也大都表现在人与人之间的关系上。作为教育人这一特定条件下的教师的劳动是一项复杂的脑力劳动，它与体力劳动和其他脑力劳动相比，有其自身的特点，这些特点主要是由教师劳动的目的、对象和手段决定的。

教师劳动的目的是把全体学生都培养成德、智、体、美、劳各方面都得到健康发展的人。学生的身心发展尚未成熟，具有多边性、发展性和较大的可塑性，而且各自具有独特的个性。教师劳动的手段也很特殊，可以说教师劳动的全部力量都构成了教育因素，都成了教师教育好学生的手段。

从现代教师的劳动任务、劳动对象、工作的方法和手段以及现代教育对教师的要求来看，我们认为现代教师劳动的特点具体地说有以下几点。

（1）复杂性。

教师劳动的复杂性主要是由教育对象、教育任务和教育影响的多样性决定的。从教师的劳动对象来说，学生是有道德、有感情、有主观能动性的人，他们的兴趣、爱好、性格和能力都存在着个体差异，教师既要面对全体学生施教，又要注意因材施教；从教育的任务来说，教师不仅担负着传授知识，培养技能，发展智力的任务，而且还担负着培养学生的思想政治品德，以及对学生进行体育、美育和劳动技术教育等方面的任务；从教育的影响来说，影响学生发展的因素多种多样，不仅有来自学校各方面的因素，而且也有来自家庭和社会等方面的因素，教师要想教育好学生，就必须协调好这诸多影响和学生发展因素之间的关系。我们说，教师的劳动是复杂的是因为要做一个好的教师，其工作是艰巨的和繁重的。但是，教师通过自己的劳动，为社会、为国家培养出了无数有用的人才。无论是领袖，还是将军，无论是艺术家、科学家还是作家，或者是普普通通的劳动者，在迈出人生第一步的时候，都要受到教师的教诲和影响，是教师用自己的智慧培育了他们，所以，教师的劳动虽然复杂艰苦，但充满了骄傲，也充满了自豪，这也是它被赋予"天底下最光辉的职业"这一称号的原因所在。

（2）创造性。

创造性是教师劳动的中心和基础。由于教师的劳动对象是具有思想感情的，是受社会多方面因素影响的，所以千差万别。而教学是一门永无止境的艺术，"教学有法但无定法"，其原因主要就在于此。因此，作为教师要想教育好学生就必须因人、因事、因时、因地有创造性地设计和实施教育学生的方针和策略，并科学地预见其结果。教师既要按照统一的目标来培养学生，又要注意学生个性的发展，所以，教师在劳动的过程中充满了创造性，有时甚至在不自觉中进行着创造性教育的实践。我们说教师的劳动绝不是一种单纯的重复劳动，而是一种创造性的劳动。

（3）示范性。

教师教育学生不仅依靠学识才能，而且也包括自己的心理品质、言行风范、治学态度、人生观和世界观等方面。这就是说，教师要教育好学生就不仅要言传，更重要的是身教，这就决定了教师的劳动具有很强的表率性和示范性。由于教学是师生共同的活动过程，而学生的模仿性特别强，教师的言行、工作态度、情感以及意志品质，在学生面前都表现得淋漓尽致，直接影响着学生的行为，这与教师使用自己的模范行为、榜样力的品学和教师的德才有着很大的关系。因此，一个乐于而且善于为人师表的教师，不仅应当加强自己在学识才能方面的修养，而且还必须加强自己在人生观和世界观等方面的修养。

3.现代教师应具备的素质

当今，决定教育系统优劣的正是教师自身的素质，所以，未来社会对教育的要求，归根结底是对教师自身素质的要求。无论是教育观念的更新，还是教学内容、教学方法的改革，都取决于教师的工作、教师的态度，教师在教育的发展与改革中起着关键的作用。邓小平同志曾深刻指出："一个学校能不能为社会主义建设培养合格的人才，培养德、智、体全面发展，有社会主义觉悟的有文化的劳动者，关键在教师。"因此，教师要满足社会发展与育人的需要，必须具备以下几种基本素质。

正确的教育理念。现代教师应该具有与时代精神相通的教育理念，教师对教育工作的本质、责任以及特点要有深刻的理解，要认识到教师所从事的事业是关系社会的发展和民族与国家的未来，关系每个人的生命价值和每个家庭的幸福与希望的重要事业，从而形成对事业的责任感和荣誉感。在这种正确理念的支持下，教师在工作中才能做到以素质教育为本，把发展人的智力、开发人的个性放在首位；才能不断开拓自己的事业，努力寻求科学的教育教学方法，同时，在教学活动中不断地完善自己，充实自己，形成自己独特的教育教学风格，实现由"工匠型"教师向"专业型"教师的转变；才能淡薄功利，全心全意地把知识、智慧、爱心全部奉献给学生。

良好的职业形象。每个社会职业都有特定的行为模式和行为规范，教师的职业形象是其在完成教育教学任务时，在学校以及在社会中承担的职业作用和表现。由于教师的劳动特点是劳动者与劳动工具的统一，教师的自身形象对于学生的发展具有强烈的外在示范性与内在的感染性。首先源于其做人的楷模，教师的仪表、教风、言谈举止和良好习惯，都是教师良好素质的外化，同时也是影响学生形成良好素质的动力。叶圣陶说过："教师的全部工作就是为人师表。"因此，教师必须努力提高自身的思想品德修养，要热爱祖国；教师要有崇高的精神境界，要具备为教育事业的发展艰苦奋斗的献身精神；教师要有高尚的情感，对学生要有博大无私的爱，要尊重学生，信任学生，理解学生；教师要有良好的文明修养，要严于律己，以身作则，遵纪守法。只有具备良好的形象、规范的行为，才能对学生起到言传身教、潜移默化的作用，才能有助于学生良好人格的培养与形成。

多元的知识结构。教育内容的社会化是新课程计划的一个特点，新课程计划要求加强对学生进行技术、知识、青春期、心理健康等方面的教育，并渗透环境、交通、国防等教育。对同一个学生进行多学科施教的过程中，要求各科教师有互相配合的意识，应善于从学科交叉、学科对比与学科渗透等方面对学生进行教育，这些都要求教师不能只掌握单一的学科知识，而要构建多元的知识结构。教师在掌握扎实的专业知识的基础上，还要学习自然科学、社会科学，研究科技前沿的最新成果、最新知识，必须更多地学习和掌握教育学和心理学的理论。现代教师不仅是实践者，还要成为研究者，因此要学习与提高对人的认识、教育哲理的形成、管理策略、教育教学活动设计、方法选择、现代教育技术手段的运用以及教育研究等方面的知识，使自己不仅会教，而且有自己的教育追求与风格，充分发挥出教师教书育人的功能。

4. 现代教师应具有的专业精神

从教师专业性质和专业化过程的特点来看，现代教师应当具有的专业精神表现在以下几个方面。

敬业乐业精神。敬业是指教师对自己所从事的专业工作发自内心地崇敬。任何一个做教师的人，都应当首先对教师专业有清晰而独特的了解和认识，怀有强烈的尊严感，才能建立起坚定的专业信念，也才能对社会的各种评价做出正确的、理性的判断。敬业还需乐业。乐业就是教师在对自己有正确认识的前提下，对专业工作表现得从容自在、心甘情愿、毫不勉强。一个人一旦投入教师专业，就要不被物欲左右，不被名利所动，做到淡泊明志，清高有为，由敬业乐业而获得人生之乐。

勤学进取精神。教师是教育者，同时也应当是学习者。只有不断学习，积极进取，才能真正成为知识和文化的化身，也才能担当起培育人才的重任。尤其是现代社会的发展，新知识、新观念、新理论不断涌现，教师几乎每天都面临着一个新的世界，只有不断勤奋前进，把学习当作自己工作乃至生命中不可缺少的部分，才能适应时代要求。否则，如果学生对教师在知识方面产生怀疑，那么师生之间赖以建立多种关系的基础就会消失。

开拓创新精神。"教育即创造"，这是人们公认的原理。在现实的教育活动中，教育对象千变万化，学生个性千差万别，时代发展对人的要求又日新月异。教师要把一个个活生生的独特个体从蒙昧状态培养成社会所期望和需要的人才，绝不是靠按照某种程式的机械劳动可以完成的，而是要靠高度的创造性的劳动。因此，教师的专业工作，不允许教师墨守成规，也不允许教师一味地凭借个人经验，而要求教师敢于借鉴，勇于开拓，依据变化的情况，不断寻求适合教育对象的教育方案、方法和手段，使自己的教育教学活动更科学、更完善，建立起自己独特的教育风格。

三、现代教育理念下的高校学生观

教育活动是促进学生成长的自觉实践。学生观即人们对学生的基本认识和根本态度，是直接影响教育活动的目的、方式和效果的重要因素。当前，我们正处在教育现代化的历史进程中，各种各样的学生观大量存在，其中不少是陈旧的，是不符合教学现代化要求的。为了迎接21世纪的挑战，为了更好地培养高素质的现代人才，我们需要认真研究学生观的问题，努力确立现代学生观，也只有在正确的学生观的指导下，找准教育与知识经济的结合点，全面实施素质教育，才能最大限度地开发学生的潜能。

(一)学生是发展的人

如何看待学生的身心发展问题,是学生观的重要内容,它涉及对学生天性和潜能的估计,也涉及对学生身心变化过程的认识。坚持什么样的发展观念,对教育目的的确定以及教育行为的选择都有直接的导向作用。

1. 学生是具有生命意义的人

在漫长的封建社会里,教育只为封建专制特权服务,在封建君主眼中,学生是他们驯服的奴仆。到了资本主义社会,学生则成了资本家的后备机器和赚钱工具。传统的教育思想把学生当成可以利用的工具和容纳知识的容器,学校教育普遍流行注入式的教学模式,把正常的师生关系即人与人的关系扭曲为人与机器的关系,因此,出现了教育领域里"见物不见人"的怪现象。校园,一个本应充满生机与活力的系统整体,成了一个无视生命存在的物质空间。

学生是人,是富于生命意义的人,这是一种最本质的朴素观,也是第一位的学生观,把学生当人来看待,还给其作为活生生的人应有的时间和空间,真正赋予学生"人"的含义,这是历史的进步和人类文明的标志,更是知识经济时代对教育的深切呼唤。

现今应该如何看待学生的天性呢?从教育发展的历史实践看,无论人们是坚持性善论还是坚持性恶论,最后都能通过一定的教育措施促使学生朝着积极的方向发展,区别主要在于各自的教育方式和教育重点。性善论注重主体的自觉和内在力量的挖掘,性恶论注重主体外在规范的约束和行为矫正。当前,我们国家一些人坚持的是性恶论,不少家长和教师都自觉或不自觉地从性恶论的角度来看待学生,认为学生的天性是破坏性的、和教育的要求是相对立的,不严厉管教就难以成才。于是,在教育上,他们多采取强制、管制、灌输、矫正的方式来教育学生,以期培养社会所需要的品质,这种教育方式存在着各种心理的和伦理的缺陷,也和时代的主体精神相违背,因而,必须反对性恶论,提倡用积极乐观的眼光和态度来评估学生的天性。我们应树立一种乐观的人性观,善意地评估学生的天性和行为表现,多关注学生身上所具有的那种自我提高和完善的内在需要与倾向。乐观估计学生的天性,也就是要坚信每个学生都是可以积极成长的,是可以造就的,是追求进步和完善的,因而对教育好每个学生都应充满信心。

2. 用发展的观点认识学生

人们经常用僵化的观点而不是用发展的观点来看待学生,这是历史上和现实中都客观存在的问题。现代科学研究的成果与教育的价值追求,要求人们摈弃僵化观点，要用发展的观点来认识和对待学生。用发展的观点来认识和对待学生，包含以下几个相互关联的方面。

学生身心发展是有规律的。有关生理学、心理学、哲学和教育学的研究表明：人的身心发展，既是自然的客观过程，又是社会历史文化发展过程，是自然性与社会性的统一。遗传、环境和教育是决定个人身心发展的基本要素，各种因素作为个体发展的条件，通过个体的活动而发挥作用。人的身心发展，既是一个连续的过程，同时又有阶段性，不同的年龄阶段，有不同的年龄特征，一定阶段的年龄特征，具有相对稳定性，也有一定的可变性。这些研究成果集中地反映了人身心发展的一般规律性，学生（尤其是接受基础教育的学生）的身心发展，不仅服从这些规律，而且最典型地体现出人身心发展的特征与规律。认识到学生身心发展具有规律性，是非常必要的，这是客观地理解学生的基础。学生身心发展的规律客观上要求人们应努力学习、掌握有关人身心发展的理论，熟悉不同年龄阶段学生身心发展的特点，并依据学生身心发展的规律和特点开展教育活动，从而有效促进学生身心健康发展。

学生具有巨大的发展潜能。关于学生的发展潜能，在理论上和实践中历来存在着认识上的分歧。在实际工作中，许多人往往从学生的现实表现判断学生没有潜力，不少人坚持僵化的潜能观，认为学生的智能水平是先天决定的，教育对此是无能为力的。其实学生具有巨大的发展潜能，这已被科学研究所证实，裂脑研究、左右脑功能的研究、潜意识的研究，都为此提供了科学证据，而国内外关于智力开发的探索，则为此提供了大量的事实经验。无论是国外学者波诺的横向思维训练、费厄斯坦的工具性强化训练，还是国内学者吴天敏的动脑筋练习、林崇德的思维开发教育，都得出了人脑通过专门训练，智力水平可以明显提高的结论。作为教育工作者，应该相信学生是潜藏着巨大发展能量的，坚信每个学生都是可以获得成功的。在教育实践中，有不少探索，正是基于每个学生都有获得学习成功的潜能的信念，从而取得了全面提高学生学业成就的良好效果，如布卢姆的掌握学习、卢扎洛夫的暗示教学、阿莫纳什维利等人的"合作教育学"、国内的成功教育，等等。相信学生的潜力，是把学生作为发展的人来认识的重要要求。

学生是处于发展过程中的人。作为发展的人，也就意味着学生还是一个不成熟的人，是一个正在成长的人。在实践中，人们往往忽视学生正在成长的特点，而要求学生十全十美，对学生求全责备，这是和发展观点相对立的。其实作为发展的人，学生的不完善是正常的，而十全十美则是不符合实际的。发展作为一个进步的过程总是与克服原有的不足和解决原有的矛盾联系在一起的，没有缺陷、没有矛盾，就没有发展的动力和方向。把学生作为一个发展的人来对待，就要理解学生身上存在的不足，就要允许学生犯错误，当然，更重要的是，要帮助学生解决问题，改正错误，从而不断促进学生的进步和发展，这也是坚持用发展的观点看待学生的重要要求。

（二）学生是独特的人

在历史上和现实中，人们要么把学生视为没有思想和感受的白板，要么把学生视为和成人没有什么区别的"小大人"，这些忽视学生独特性的观点是不正确的。事实上，学生有着自己独特的内心世界、精神生活和内在感受，有着不同于成人的观察、思考和解决问题的方式，也就是说，学生有着独特的个性。因此，在对学生的认识上，应确立学生是独特的人这一基本命题。学生是独特的人的命题，包含以下几个基本看法。

1. 学生是一个完整的人

在现实生活中，人们往往把学生仅仅作为受教育的对象或学习者来对待，忽视学生身心的整体性，这是不恰当的。其实，学生并不是单纯的抽象的学习者，而是有着丰富个性的完整的人。正如合作教育学所指出的："儿童每天来到学校，并不是以纯粹的学生（致力于学习的人）的面貌出现的。他们是以形形色色的个性展现在我们面前的。每一个学生来到学校的时候，除了怀有获得知识的愿望外，还带来了他自己的情感世界。"在教育活动中，作为完整的人而存在的学生，不仅具备全部的智慧力量和人格力量，而且体验着全部的教育生活。也就是说，学习过程并不是单纯的知识接受或技能训练，而是伴随着交往、创造、追求、选择、意志努力、喜怒哀乐等的综合过程，是学生整个内心世界的全面参与。如果不从人的整体性上来理解和对待学生，那么，教育措施就容易脱离学生的实际，教育活动也就难以取得预期的效果。要把学生作为完整的人来对待，就必须反对那种割裂人的完整性的做法，认可学生完整的生活世界，丰富学生的精神生活，给予学生全面展现个性力量的时间和空间。

2. 每个学生都有自身的独特性

这种独特性，是人的个性形成和完善的内在资源，也是教育努力的重要目标。这就提出了一个问题：学生的独特性和教育的统一性如何协调？对此，既有片面强调教育统一要求的，又有单纯强调学生独特性和兴趣的，但这都不是令人满意的答案。不过，重视学生的独特性和培养具有独立个性的人，应成为我们对待学生的基本态度。

3. 学生与成人之间存在着巨大的差异

人们往往把学生看成"小大人",认为他们能够认同、仿效成人的思想和行为,并基于这种认识对学生进行教育和评价。但是,越来越多的事实表明,学生和成人之间是存在很大差异的,学生的观察、思考、选择和体验,都和成人有明显不同。由于受网络信息广泛传播的影响,现在的学生视野开阔,思想开放,讲究情趣,重视表现,对外界事物反应迅速且敏锐,追求新意和时尚。在某种意义上说,现在的学生已走在时代的前沿,比许多成人更具时代气息,再用上一代的观念和行为来约束学生,很难取得预期的效果。只有摈弃传统的"小大人"观念,承认并正视现代学生的群体特征,认真研究现代学生的特点,采取积极引导的措施,教育者才能有效地和学生沟通,得到他们的认同和配合,从而达到教育和影响他们的目的。

简言之,每个学生都是完整的具有独特个性的人,学生群体同样具有内在的独特性,这是不可否认的事实。我们应立足于这一事实,在思想上真正尊重学生的独特性,在实践中发展和完善学生个性,从而培养出具有独特个性的新人。

(三)学生是教育活动的主体

关于学生是否是教育活动的主体,这在教学论上是研究得比较多的,争论也是比较激烈的。不过,随着时间的推移,学生是教学认识活动主体的命题日益得到了广大教育工作者的支持。教师主体对学生客体的教育与改造,只是学生发展的外部条件和外因,学生的主体活动才是学生获得发展的内在机制和内因。虽然,人们在观念上并不一概地反对学生是主体,但在具体教育实践中,却往往不把学生作为真正的主体来对待,因此,如何落实学生在教育活动中的主体地位问题,需要进一步探索。为此,作者结合当前的实际提出几点看法。

1. 学生是学习活动的主体

这里既揭示了学生是学习活动的主体,又说明了学习活动是学生的主体活动。对学生的学习活动,应做广义的认识和理解,它既包括各学科知识和技能的学习,学科能力和运用学科知识解决问题的能力的学习,又包括各学科知识之外的人文和科学等综合知识的学习,做人和做事等方面知识的学习;既包括知识、思想、观念等方面的学习,又包括态度、品质、行为等方面的学习;既包括习得和强化的一面,又包括矫正和消除的一面;既包括观察学习和模仿学习,又包括解决问题式的学习和创造性学习;既包括上述各个方面和各种形式的学习，又包括这些学习过程和学习机制的学习。学生作为这样一些学习活动的主体，要加工学习对象，改造学习对象，占有学习对象，以建构自我，发展自我，完善自我，从而实现主体客体化。

2. 学生是具有一定主体性的人

学生作为各种学习活动的发起者、行动者、作用者，其前提是他首先要有一定的主体性，这是他作为主体的基本条件。事实上，随着学生自我意识的形成和不断增强，他自身就有一种自尊自信和追求真理的自觉性，在许多活动中表现出渴望独立，渴望自主选择，渴望自主判断。在教育活动中，学生发挥自身主体性的形式是多种多样的，既表现为学习意向上的自觉性和主动性，又表现为学习过程中的接受、探索、训练、创新等具体行为。在不同的任务中，在不同的条件下，主体性表现的形式也各有差异。落实学生的主体地位，关键是根据具体的教育要求，调动学生的主动性，为学生构建广阔的活动空间。

3. 教育在于建构学生主体

学生虽然具有一定的主体性，但就其程度而言比较低，就其范围而言比较狭窄，尤其在教学中，学生主体相对于教师主体来说，诸多方面的力量都显得十分微弱。教师的主体作用，一方面表现为努力提高学生主体性水平，使其由片面到全面，由强到弱，使学生客体主体化；另一方面表现为诸如受动性、适应性、手段性，它虽然总是在阻碍、抑制、影响着能动性、自主性、自为性的有效发挥，但要充分认识它的积极作用和积极意义，事实上，在一定程度上，人的主体性是能动性与受动性、自主性与适应性、自为性与手段性的辩证统一。

第二章
高校教育管理的工具性价值

第一节 高校教育管理的效率价值

一、效率的内涵

当今学界有一种较为普遍的看法，即效率原来是自然科学的概念随着社会科学向实证方向的发展，自然科学中的一些概念、术语被借用过来，效率也是由此进入社会研究领域，尤其是经济学中。目前学术界对"效率"主要有三种不同的理解："投入产出效率，指资源投入生产与产出之间的比率；帕累托效率，即资源配置效率，指社会资源的配置可以达到这样一种境界，任何一种资源的配置都不可能使一个人福利增加而不使另一个人的福利减少；社会整体效率，指社会生产对提高社会全体成员生活质量，促进社会发展的能力。"当前，一般认为"效率"就是第一种含义；第二种效率是一种理想状态的社会公平分配的效率追求；第三种定义则着重考察社会生产对于改善人们生活，提高生活质量，促进社会整体与个人全面发展和进步的能力，体现了哲学的评价意蕴。

效率成为价值范畴的根据就在于任何资源的供给在一定时期总是有限的，也就是经济学上所说的资源的"稀缺性"。由于稀缺性和机会成本的客观存在，人类才努力追求资源配置的效率，并把它作为行为选择的标准之一。一方面，效率不仅反映了人与自然的关系，而且反映了人与人的关系以及个人与社会的关系。也就是说，效率是一个具有普遍意义的关系范畴；另一方面，效率体现了人类的理性特征，凝结着人类的理想，包含着人类处理矛盾的原则。因此，效率是一个基本价值范畴。

效率是衡量每个时代社会发展的标志。伴随着人类现代化发展进程，效率范畴成为社会科学和自然科学的中心术语，被广泛地应用于经济学、管理学、法学、行政学、军事学、体育学、教育学、伦理学和热机物理学等学科领域。如生产或经营效率、配置或分配效率、工作或机械效率等。经济学将效率作为本学科的核心范畴，对其进行深入系统的理论探讨。然而，关于效率价值问题的研究在哲学社会科学领域的意义亦很深远，事实上，效率现象对人类的影响不仅仅是一种经济层面的，它对整个社会生活都产生了广泛而深远的影响。效率是为满足一定目的的人的实践活动所产生的收益价值与投入耗费比值的意义。人的活动效率从其意义上说是一种价值关系，是人的活动内在属性的意义关系。《价值学大词典》的注释是从根本上说，效率是人的活动的内在关系，人的活动过程、投入与人的活动的结果、产出、效果都是作为效率内在关系项存在的。

哲学上的效率价值伦理范畴，作为思维意识形态它是主观的，其涉及的对象内容则是客观的。马克思认为："普遍意识不过是以现实共同体、社会存在物为生动形式的那个东西的理论的形式。"确立效率属性这一事实，是对效率价值判断的前提。

可以这样说，作为高等教育管理的工具性价值之一，效率是高等教育管理的永恒追求。效率价值之所以如此重要，从经济学的角度来分析，就是因为存在着资源的稀缺与人的需求的无限之间的矛盾。"人民群众日益增长的物质文化需要同落后的社会生产之间的矛盾"涵盖效率诉求的价值—伦理—道德向度。高等教育管理的任务就在于发挥高等教育组织系统自身的优势，整合高等教育组织系统内外的力量，运用和挖掘可支配的资源，不断满足人们日益增长的高等教育需求的多重需要。

二、管理与效率

效率是管理本身所追求的基本目的，具有"工具性价值"。但正如前面所述，若将效率置于社会发展的大背景下考察，效率就不只是一个管理学、经济学概念，它是一个和人类社会发展密切相关的基本概念。我们知道，人类的自由、幸福和安康，是在控制人与社会和人与自然的关系的活动中实现的。因此，管理效率作为"贡献性"的"工具性价值"，它的指向仍应当是管理的"目的性价值"的人的自由、公正、幸福和发展。

社会发展与主体发展是内在关联的。传统观点从社会发展中抽掉主体发展，把社会发展与经济、物质发展画等号，就是"把社会当作一个单独的主体来考察，是对它做了不正确的考察，思辨式的考察"。其实，社会发展内在地包含了主体发展于自身，"工业的历史和工业的已经产生的对象性的存在，是一本打开了的关于人的本质力量的书，是感性地摆在我们面前的人的心理学"。从主体是社会发展的最终归宿上看，我们认为，相比于经济发展，人的主体发展才是社会发展的最为本质的内容。此外，社会发展的历史之谜的答案"不在人外，而在人中"。马克思主张辩证的社会发展观，强调发展经济，但反对唯生产力论、唯经济论，社会发展的目标归根结底只能是通过发展经济来达到发展主体。马克思社会发展观与"见物不见人"的社会发展观显然迥然不同，它极大地突出了社会发展概念蕴含的"以人为本"的哲学意蕴。恩格斯晚年提出过把社会发展理解为"物"的生产与"人"的生产两个过程的辩证统一的思想，表达了社会发展不仅是"物"的现代化，而且是"人"的现代化的思想，正如实践的唯物主义不同于经济唯物主义一样，马克思主义的社会发展概念也不同于经济史观的社会发展概念。

国外学者对"社会发展"概念的理解，经历了从"经济分析"到"社会分析"再到"人的分析"这样一个逐渐深入的过程。现代西方不少学者强烈呼吁归正社会发展的价值取向，突出社会发展的人道主义内容，重估社会发展观念。西方学者对社会发展人文向度的偏离的批判无疑具有重要意义。但从根本上说，他们仅仅着眼于技术批判（且不说这种批判的真理性如何），这是完全不可能彻底归正社会发展的人文向度的。

综上所述，所谓管理的效率是指技术、发展、制度层面综合发展意义上的效率，并不是传统的只注重科学层面而不重视人文层面、只重视经济"物"的指标而不重视社会"人"的发展，只重视技术理性批判而不重视制度价值理性批判的单向度的效率。

三、学校效能研究

1. 学校效能观

从经济学视角出发，效能主要指组织的生产过程，即从"输入"到"输出"的过程。教育生产过程的因素包括：输入（投入教学内容与方式方法）、输出（考试分数）、产出（劳动力市场分布）。学校组织的"输入"涉及学生既定的特征和财政、物质投入。"产出"指学生达到学校教育的目的，即教育质量（人才培养质量）。学校转变过程可以理解为致力于学生知识、技能获得的要素，如教学方法、课程选择、组织结构与校园文化。经济理性的学校观认为，学校效能就是学校达到其预定目标的程度，学校效能是指学校的表现或绩效，学校绩效主要表现为"学校输出"，可以通过学生一定阶段的测验进行衡量。

从组织学理论出发，持有不同的组织观念就有不同的学校效能含义。有机系统的组织观认为，学校效能就是学校适应外部环境变化，保持学校健康发展的能力；人际关系的组织观认为，学校效能就是学校内部人员的满足感与人际关系和谐的状况；科层体制的组织观认为，学校效能就是学校维持结构稳定与持续发展的能力；政治冲突的组织观认为，学校效能就是学校内部满足外部重要群体需要的程度。组织学的观点偏重于组织学角度，把学校视为一个教育组织，讨论维持学校效能的条件，提出学校适应的内在及外在条件，并长远地达成有关人员所追求目标的能力。学校的组织学习能力及组织变革能力应是学校效能的重要指标。

2. 学校效能研究

学校效能研究（School Effectiveness Research，SER）源于1966年美国科尔曼发表的《教育机会均等报告》和詹克斯等人的《美国家庭和教育影响再评价》报告。科尔受认为，相比学生家庭背景和社会背景而言，学校对于学生成就几乎没有什么影响。《教育机会均等报告》的出现引发了"学校功能"的争议研究。一部分研究者追随《科尔曼报告》，发布消极的学校功能论调；另一部分研究者则强调积极的学校功能论，试图改变"学校教育无所作为"的悲观论调，从而掀起"有效学校"研究运动。1986年，国际学术组织国际学校效能与改进大会（ICSEI）创办了专门的学术杂志《学校效能与学校改进》。

谢润斯认为，学校效能研究是以寻找或发现对学校的产出有积极影响的学校特征或其他因素为目的的研究。学校效能主要研究学校之间的差异，探求影响学校管理理论和实践效果的关键因素，从而促进学生的发展，使学校成为"有效学校"。相比其他学校而言，有效能的学校对于学生的产出具有附加的价值。附加值（增值）通常用于描述这一过程。此外，学校效能研究的一个主要目标是运用适当的模型来解释和说明"产出"因素。其主要目的是运用恰当的模型来获得有关"解释性"因素与"结果"因素之间关系的知识。学校效能研究主要是寻求有效的且可信的方法来测量和提高学校质量。

3. 学校效能研究的方法变革

自20世纪90年代以来，学校效能研究出现综合动向，既重视投入的变量，又重视过程变量，并且在学校教育过程中区分了不同层面的变量因素。如学校教育投入变量、学校教育过程的因素。后者包括学校之上的层面——学校生存与发展的背景因素；学校层面的因素——学校领导、学校文化、教师的合作等；课程（选修课制）与教学（学分制）层面；课堂层面的因素——学生的有效学习时间、教学方式等有效课堂组织的因素。值得注意的是，学校效能还注重衡量学生成就的增值，采用了更为复杂的研究设计和技术分析方法。如多级统计技术方法，观察学校和班级各个层面，收集数据。这种"多级模型"（多层数学模型）是一种定量研究，主要运用统计技术，调查影响学生绩效的变量因素。

四、高校教育效能的影响因素

影响高等教育效能的因素是多重的，既有投入要素的数量、质量与结构，又有要素使用过程的组织、管理与制度，既有宏观的，又有微观的，有可控制的因素，也有非可控制的因素。这里着重从我国的现状出发，探讨影响高等教育效率的一般因素，进而提出提高高等教育效率的对策。

（一）高校教育投入的数量与质量

投入与产出的效益率是教育经济学研究的一条基本原理。高等教育投入要素的数量、质量，通过对产出质量的作用，影响着高等教育效率，产出的质量以投入的数量、质量为条件。

没有一定的数量就没有质量。必须以一定的为实现培养目标所必需的投入量为条件，投入量过少，教师不足，缺乏最低限度的校舍、教学设备、图书资料，教育教学活动就不能正常进行，教育质量就无从谈起或难以保证。

高等教育投入质量直接影响高等教育产出质量。在我国高校中，尤其是地方高校，教师中高职称比例较低，硕士和博士研究生比例更低，高层次高质量的教师更是匮乏，教师知识结构不合理，知识老化，教学设备、图书资料陈旧，在各个学校中都不同程度地存在着。高等教育质量保障体系就是指影响高等教育质量的条件指标的投入保障。提高高等教育产出质量，提高高等教育资源利用效率的重要途径是增加高等教育投入数量，提高高等教育投入质量。

（二）高等教育管理体制

高等教育管理体制从制度上、从宏观上影响着教育资源利用率，它涉及办学体制、政府与高校教育决策权管理权限划分的宏观教育管理体制、教育投资与财政拨款体制等。关于高等教育体制，这里只从我国现行体制对教育效率影响上进行分析。

高等教育管理体制改革的主要目标：一是改善和加强中央政府对教育事业的宏观管理；二是加强省级政府对高等教育的统筹权和决策权；三是增强高等学校的办学活力。

我国的高等教育管理体制改革贯彻了如下"四个结合"：一是把管理体制改革与布局结构调整结合起来；二是把普通高校的体制改革、布局调整同成人高校的体制改革、布局调整结合起来；三是把条条与块块结合起来，以块块为主制订统一的改革方案；四是把宏观体制改革与高校内部管理体制改革结合起来，把体制改革当作内部管理体制改革的一个最好契机并紧紧抓住，如很多合并都是这样一步到位的。

从日本《国立大学法人法》所确定的基本制度来看，该法的基本目的是提高日本国立大学的效率和质量，表现如下：第一，政府将国立大学合并，通过扩大国立大学法人的规模来提高大学的办学效率，尤其是资源利用率。第二，政府在进行高等教育资源的配置时，最大限度的合理、有效配置。具体来说就是在向大学拨款时部分地考虑到大学的绩效，在按学生人头划拨基本运营经费之外，还根据大学教育研究状况划拨特殊经费，这就不再是过去机械式、固定性的预算分配，即所谓的"机遇校费"的思维方式，可以使有限的教育资源得到更充分地应用。第三，明确各大学自身的权利和责任，增加其自我管理的权限，鼓励大学参与竞争，使大学自身的活力增加，从而提高效率。第四，表现最明显的是在日本国立大学系统中引入市场机制，通过竞争使整个日本国立大学系统的效率提高，多出人才、多出成果。在以"放权、多元、竞争"为特征的制度中，促进大学提高效率的目的得以实现。虽然日本国立大学法人化改革的成果还没有显现，但它们改革大学的决心和思路还是可以作为我们学习的对象的。

（三）高校管理体制

高等教育管理体制是影响高等教育效率宏观的、制度性的因素，高等学校管理则是影响高等教育效率的微观的、可操作的因素。高等学校管理是在一个教育机构内部，通过对教育要素的最佳配置与组织，通过对教育过程的计划、组织、实施和控制，实现教育目标的活动过程。各种教育投入要素能否获得最优配置，教育过程能否按照预定目标有效地组织和进行，将直接影响教育效率。

高校管理机构的设置是影响管理效率的因素之一，可以称为"机构效率"。在我国高等学校中较普遍地存在着管理机构庞大，人员过多，职能机构之间职权不清的现象，导致管理成本过高，影响教育效率的提高。在高校教育经费支出中，管理人员支出比重过大。由于机构重叠和职能交叉，管理中摩擦增多，协调加重，管理效率降低。管理思想、管理制度和手段方法也直接影响着管理效率和资源利用率。从物力资源利用率出发，可以将教学仪器设备分为全校共用、部分专业共用、少数专业专用三类，实行实验设备和实验室三级管理（校—院—系），可大大节约物力和人力，但在改革中会遇到传统习惯和单位利益方面的阻力。学校人力、财力、物力以及教学科研的管理，如果都能制度化、规范化，也可大大提高效率。管理手段方面的问题主要是由于经济发展水平较低，教育投入不足，学校无力采用现代手段管理。高等教育管理服务中有大量项目是面向广大师生的，而且操作比较复杂，如学生选课、教师职称评审等，需要大量的信息和工作量，如果一些基本信息的获取能够借助先进的信息技术实时提取，而学生和教师能够通过网络终端进行有关操作，这样将极大地提高学校的管理效能。现在学校的教师经常在教学中做一些重复的、烦琐的事情，尤其是填写各种报表和在各种计算机管理系统中输入数据，而学校各部处、各条线的数据库却不能兼容，这些事情占去了大量的教学科研时间，很多教师对此有怨言。学校应加紧建立教师和学生基本数据库共享系统，将统计数据和各类信息归口到某个部门或某个岗位来统一协调。

（四）高校规模

高校规模效率是经济学中规模经济的理论和方法在教育领域中的表现。在微观经济学中，规模经济是指厂商采用一定的生产规模而获得的经济上的利益，或因生产规模变动而引起的收益的变动，分为内在经济与外在经济。内在经济是指一个生产单位在规模扩大时，从自身内部所引起的收益的增加。相对应的是内在不经济，即一个生产单位在规模扩大时，从自身内部所引起的收益的下降。外在经济指整个行业规模扩大和产量增加而使个别厂商所获得的利益，相对应的是外在不经济，即整个行业规模扩大和产量增加而使个别厂商成本增加、收益减少。规模收益变动有三种情况，分别是规模收益递增、规模收益递减、规模收益不变。适度规模要求至少使规模收益不变，力求使收益递增。

传统规模经济学意义上的高校规模是实际招收的在校生数量及生均师资、经费、资产占有数量，属人力、财力、物力等要素性硬规模，而新经济学意义上的规模则是能力性软规模。高校规模应该是教育服务产品的供给能力，其中不仅包括课程和实验、实习岗位的数量，也包括品质（水平和品牌），还包括同一产品在空间、时间（学年内日校、夜校、网校）上的共享指数。

在教育领域中厂商以利润和利润率衡量其收益，高校作为非营利机构，是以教育成本大小，以资源利用效率衡量收益的。高校适度规模实质是把教育成本作为高校规模的函数，寻求高校的适度规模。高校规模过小，使人力、物力资源不能充分利用；规模过大可能使成本过高，出现规模不经济。因而高校规模适度与否成为影响教育资源利用效率的因素。

(五)高校教育效率机制

教育资源利用效率的概念、评价指标、影响因素诸问题必然是必要的，但这并不能在实践中使资源利用率提高，问题在于高校有无动力和压力，自动提高资源利用率。换句话说，高校是不是成本最小化者，如果不是的话，高校是不是成本最大化者。

高等教育效率表现为个体的行为效率。行为效率与资源使用效率之间并非是毫无联系的，高等教育中的经济效率源于个体的行为效率，行为效率最终导致经济效率。行为效率是高等教育效率的外部表现，而资源使用效率是高等教育效率的内在本质和更高追求。一个行为效率高的高等教育系统，必定运行流畅，资源配置合理，使用效率高，因而产出也是高效率的。个体对行为效率的追求，是理性的逐利行为，它能直接带来私人效率。但私人效率与社会效率之间可能是正相关、相等或者是负相关的关系，在理想情况下，法律能遏止行为效率对个人私利的极端追求，将私人效率与社会效率之间的关系定位在正相关或相等上。

高校不能成为成本最大化者，但也不能要求高校成为成本最小化者，教育活动毕竟不是经济活动，它是以培养人才（育人）为宗旨的。我们只能要求高校充分地利用各种资源，获得尽可能多、尽可能好的产出。第一，应使高校成为具有一定决策权力与独立利益的办学法人实体，形成高校追求效率的内部动力。第二，政府和社会应建立从外部刺激高校注重资源利用率的制度和机制。如果建立一套科学的高校资源利用评价指标体系，由社会教育中介机构定期对高校评估并公开化，也会形成高校提高资源利用率的社会压力。

(六)高校教育管理效能与高校的组织特征

有关研究结果显示，高等教育管理效能与高校的组织特征密切相关，而其中最重要的概括起来就是组织、个人、技术和文化四个方面的要素。管理效能可以划分为两个层次，分别是组织效能与个人效能，其中个人效能是基础，组织效能是目标，而无论是组织效能还是个人效能都受到两个因素的影响，即技术与文化。技术与文化是组织效能和个人效能的重要支撑条件。必须强调的是，影响高等教育管理效能的这些因素应该保持一种"一致性"，即当这些要素保持一致时，管理效能才能得到强化。这种"一致性"要求各要素之间既要互相协调，又不阻碍其他要素效能的发挥。

值得强调的是，在这四项要素中，文化是组织效能重要的软支撑条件要素。仅有精良的技术设备硬件要素还远远不够，一个组织的文化对于组织效能的影响往往更为深远。组织文化是组织在长期的实践中积淀形成并为其成员所共享的价值观体系和行为规范体系。组织文化通过给个体施加团体行为规范的压力，潜移默化地使个体行为组织化。高效能的组织一定具有优良的组织文化，高校行政机关部门只有形成尊重人、信任人、民主平等的组织文化，才能更好地激发教师的工作积极性和自主性。高效能的组织需要一种积极的、催人上进的、能激发人的潜力并团结组织成员的文化氛围，在这样的氛围中，组织的各项工作往往可以事半功倍。现在许多高校教职工的压力越来越大，这与宽松自由的心理预期存在很大落差，从而形成了令人紧张和浮躁的压力文化。在这种文化氛围下，短期目标被过度强化，而对人的关怀则有所忽略，教职工的创造力和自由思想也容易被束缚，在工作中也更容易产生误差和焦虑情绪，从而影响了工作效能。

五、从社会学的视角考察高校教育效率

（一）考察高等教育效率的维度

在社会学的视域下，高等教育的效率应从高等教育的目的达成和功能实现程度两个维度来考察。合目的性应该是考察高等教育效率的第一个基本维度要素；功能实现程度则主要体现在高等教育促进阶层流动和促进学生个性充分发展这两个方面。

1. 合目的性（实质性）是考察高等教育效率的第一个基本维度要素

教育的目的就在于满足社会发展的需要和人自身发展的需要。对于高等教育来说，这两个方面更是缺一不可。大学不仅承担着培养高层次人才、传承与发展科学和文化创新的任务，还是现代社会进步的理论与思想策源地，是引导人类社会走向文明、理性、高尚、智慧的研究中心和创造中心。而现实中，高等教育为在经济全球化及经济繁荣中争得一席之地而急功近利地培养所谓"人才"的弊端日益凸显。当代大学生的精神逐渐沦落与心理问题日益突出的现实给我们敲响了警钟。因此，考察高等教育的效率，必须把"合目的性""合价值性"放在首位，必须在注重学生身心健康全面发展的基础上，去挖掘高等教育促进社会经济发展的价值。

2. 促进阶层流动是高等教育的基本社会功能

在民主社会里，促进阶层流动是高等教育的基本社会功能；而专制（极权）社会体制则以固化阶层差别为基本特征。正如索罗金在《社会流动》中所说："学校是使人从社会底层向社会上层流动的电梯，学校通过考试来进行选拔，从而决定人们的社会地位。"在促进社会流动的过程中，教育特别

是高等教育发挥着越来越重要的作用。高等教育要树立促进阶层平等的"解放意识",打破教育的"阶层复制"与"精英复制"的"惯习",充分发挥其精英人才的选拔培养功能与社会代际的正常流动功能。

3. 促进学生个性和谐发展是高等教育的基本个体功能

教育的作用是使人社会化。社会化的产物是人的个性。所谓"社会化",就是指将一个"自然人"转化为"社会人"的过程。但是,"社会化"并不是泯灭"个性化",高等教育促进学生个性发展的程度直接反映着其效率的高低。高等教育促进学生个性发展的功能发挥得越好越和谐,其效率就越高;高等教育不能很好地促进学生个性发展或抑制学生个性的充分发挥,其效率就越低。

(二)高校教育的效率考察

从总体上看,我国高等教育的功能效率不高,突出反映在以下三个方面:

1. 大学生就业形势严峻

大学生就业情况是高等教育办学成效的一个重要指示器。近年来,与高校逐年大规模扩招形成强烈反差的是,大学生就业矛盾越来越突出,大学生就业难已经成为社会各界关注的热点和焦点问题。大学生就业困境一方面受国际国内政治经济发展大环境、企事业单位用人制度的影响;另一方面也与高等教育自身的体制结构、专业结构、课程结构以及人们的择业观念直接相关。大学生就业问题尤其突出地反映在结构性失业上。专业人士更多地认为解决大学生就业难的问题首先在于调整大学生的就业心态,从针对大学生就业的调查结果看,大学生在就业区域选择、就业单位性质选择上都有趋同现象,"经济发达地区、高薪酬、外企或政府机关"仍然是多数毕业生的首选。但是现实的情况是能够实现这种愿望的大学生的比例其实是很小的,那么多的大学生都在争夺很少的职位而忽略了其他职位,这可能是大学生就业难的很重要的一方面原因,而受教育成本的急剧增长,可能是造成这一现象背后的真正原因之一。

2. 大学生心理健康问题突出

个性全面充分发展的首要目标是身心健康。然而令人担忧的是,大学生群体的心理健康问题越来越令人担忧。2014年7月4日的一份调查结果显示,14%的大学生出现抑郁症状,17%的大学生出现焦虑症状,12%的大学生存在敌对情绪。因此,提高高等教育在这方面的效率尤显急迫。

3. 高等教育促进阶层流动的功能减弱

进入20世纪90年代以后,学历所代表的教育资本就更加成为决定人们社会地位的重要因素。然而,在社会发展过程中,教育既可以扮演促进社会公平、加快阶层流动的角色,又可以扮演加剧不公平、固化阶层差距的角色。在当前我国社会转型过程中以及本应造就社会公平的教育背后,仍然有着国家制度带来的受教育机会的不公平。城乡义务教育资源分配的畸重畸轻,便是不公平的重要来源。因此,当前教育资源配置不公,导致教育促进社会各阶层垂直流动的功能减弱,是当前我国教育最大的非效率与不公平的表现。

(三)提高高校教育效率的路径

要解决上述难题,提高高等教育的功能效率,需要社会各部门的积极配合和多项相关机制的配套改革,就高等教育系统内部而言,应着重解决好以下几个问题。

1. 合理定位,进一步明确高等教育的培养目标

明确高等教育的目的是设置合理的高等教育培养目标的基础和前提。随着经济社会的不断发展,对高等教育的需求越来越大,同时也日趋多样化,因此,高等教育的培养目标也呈现出多元化特征。校园是一个学习的中心,探求真理和学问是大学的核心价值。因此,应该把这些目的有机地整合起来,使教学、科研和促进经济发展、满足社会服务以及促进学生个性健康发展等功能相得益彰。总之,高等教育必须做到科学素养与人文精神并重,始终以促进经济社会发展、促进学生个体充分自由发展为根本旨趣。

2. 面向市场,调整高等教育结构

结构性矛盾是当前大学生就业面临的最大障碍,也是最亟待解决的难题。解决大学生结构性失业问题的一个根本举措,就是要面向社会和市场需求,灵活调整高等教育的结构。具体而言,包括两个层面:一是宏观上调整高等教育的类型结构;二是中观上调整高等教育的专业和学科结构。

3. 调整高等教育的课程结构

受重"学"轻"术"思想的影响,我国高等教育特别是应用型本科与高职高专教育在课程设置上往往以知识教育为主,忽视应用性技能的培养和训练。因此,在高校的课程设置上,应增加应用性、操作性、技能性课程的比例,以使大学毕业生能更快地适应工作岗位的实际需要。当然,要解决大学生就业难题,还需要加强对学生的职业指导,如建立健全毕业生就业服务网络系统等。

4. 注重辅导，强化对大学生的学习指导与促进

学生在学习过程中会遇到很多学习问题、学习困难。这些学习问题可能是学习目的、学习动机、学习兴趣、学习方法、知识基础、学习能力、学习习惯等方面的。为促进全体学生的进步，就必须要强化对大学生的学习指导与促进。

5. 正确引导，加强对大学生的心理健康教育

就高校而言，对大学生的健康成长要正确引导，加强对大学生的心理健康教育。一方面，要营造大学生健康发展的校园文化氛围，在日常教育教学中，要始终把"学生的发展"放在首位，科学素养与人文精神并重，寓德于教；另一方面，高校要加强对学生的心理咨询和辅导，建立起一套科学化、专业化、制度化和规范化的心理健康教育体系，形成广泛宣传、积极咨询、危机干预的大学生心理健康教育机制。

6. 政策干预，完善高等教育弱势补偿机制

一是招生政策倾斜。作为一项公共事业，高等教育必须始终把"公平"和"正义"作为基本的政策取向，对弱势地区和群体予以补偿。其中，高等教育的入学机会公平是最重要的问题。就我国的现实而言，首先要纠正高校招生向"强势地区"和"强势群体"倾斜的反常做法，要把教育的"特别行政区"从强势群体转向弱势群体，如对西部地区和农村地区对口招生或分配名额的做法，就是在这一问题上做出的有益尝试。

二是积极发展农村高等教育。所谓"农村高等教育"，特指发生在农村地域（县镇及以下）的高等教育。调整高校布局，实现高等教育向农村地区延伸，对增加农民子女接受高等教育的机会意义重大。当然，要重新调整高校布局，把高校从城市迁往农村也是不现实的。结合我国的实际情况，我们可以采取一定措施，积极鼓励和引导新建和扩建的高校或者高校分部到农村地区发展。

第二节　高校教育管理的秩序价值

秩序是作为一个组织系统所必需的。柏拉图曾言，在社会生活中，明显存在着一种秩序、一贯性和恒常性。如果不存在秩序、一贯性和恒常性的话，则任何人都不可能从事其事业，都不可能满足其最为基本的需求。没有秩序就没有组织系统的正常运转。高等教育作为一个组织系统，本身就有着对秩序的必然要求，因此，高等教育管理与秩序有着天然的联系，并把秩序作为高等教育管理最基本的价值追求。

一、秩序的内涵

（一）秩序的语义学分析

秩序，是一个古老而又恒常的话题。按我国的传统解释，"秩，常也；秩序，常度也"（《辞海》）。西汉学者毛亨曾云："秩，常也。"《诗·小雅》云："宾之初筵，左右秩秩，是曰既醉，不知其秩。"东汉经学家郑玄则曰："序，第次其先后大小。"古人所说的"言有序""长幼有序"都是对某种有规则状态的概括。西晋陆机在其《文赋》中曾写道："谬玄黄之秩序，故典忍而不鲜。"把"秩"和"序"连在一起使用，自白话文运动以来秩序成为一个现代意义的汉语词语，被广泛使用，《现代汉语词典》对秩序的解释是有条理、不混乱的情况。秩序也作秩叙，犹言次序，指人或事物所在的位置，含有整齐守规则之意。按现代语境解释，秩序，乃人和事物存在和运转中的具有一定一致性、连续性和确定性的结构、过程和模式等。

（二）秩序的多学科认识

"秩序"一词被广泛应用于社会的政治、经济、教育和日常生活之中，并且日益成为学术研究的常用词。所有与人类自身及社会的存续最直接相关的各种秩序类别可以统一地概括为"社会秩序"，包含诸如道德秩序、宗教秩序、法律秩序、政治秩序、经济秩序、军事秩序、教育秩序、管理秩序等，这些秩序类型中有的与哈耶克所界定的"自发自生的秩序"和"人造的秩序"类型相交互，有的则具有复杂的综合性特征。

在秩序概念上，要避免只把秩序作静态考察的片面理解。秩序不仅包括静态秩序，还包括动态秩序。人的社会秩序实际上是人与人关系的常态。这种常态可能是相对静止的，也可能是正在变化的。即使正在变化的秩序也是一种有规则的秩序，而不是毫无规则的紊乱。人是运动着的生命，人的秩序都是人们交互作用的结果，是人们互动的过程和产物。因此，静态意义上的秩序在很大程度上都只能是相对的，而动态意义上的秩序是绝对的。那种只把秩序作静态理解的认识在观念上是错误的，在实践上则是有害的。没有对动态意义的秩序的清楚认识，就不可能有对管理的秩序价值的真切理解。

从系统论和复杂性科学的观点看，"秩序"的"序"，是一个系统的范畴，用来指称事物存在的一种有规则的关系状态，其含义不能与"经济秩序""法律秩序""政治秩序""社会秩序"等混淆，或作简单的比附（当然这些领域的研究也正日益吸取系统科学、复杂性科学的滋养）。一般而言，人们总是把"秩序"作为系统稳定程度的标志，追求系统的继续存在，即"有序";警惕系统的瓦解,即"无序"。而在复杂科学中,"无序"被提升到与"有序"一样甚至更为重要的理论地位,法国著名思想家埃德加·莫兰就明确提出,无序概念的内容比有序丰富得多,无序是起组织作用的,组织是有序与无序的统一,需要重新加以认识,并实现有序与无序之间的对话。

(三)秩序的内涵特征

秩序的内涵具有丰富性和矛盾性的特征。一般而言,秩序包含着社会秩序和非社会秩序(自然秩序)两类。社会秩序是指人类社会运行中存在的基本架构、变化过程等的大致稳定的程序和连续性,是人在社会生活的相互交往中依据一定的社会规范形成的。它包含着行为秩序和状态秩序,也包含着经济秩序、政治秩序、文化秩序,乃至生产秩序、工作秩序、教学秩序、科研秩序和生活秩序等。非社会秩序则是指事物的位置所在、结构状态或变化模式。管理所追求的价值意义上的秩序显然不是一般的秩序,更不是非社会秩序,而是有益于人类的社会秩序。非社会秩序(自然秩序)是自然法则的体现,是指自然物的位置特征、结构模式或变化动态等相对固定的规则,由自然法则、自然规律、自然定律等构成。

(四)秩序的社会性意义

人类生活需要秩序,需要一种安定、稳固、连续、有序的生活环境,人类个体,则大多具有强烈的生活世界秩序化的要求。马斯洛曾经指出:"我们社会中的普遍成年者,一般都倾向于安全的、有序的、可预见性的、合法的、有组织的世界;这个世界是他所能依赖的,而且在他所倾向的这个世界上,出乎意料的、难以控制的、混乱的以及其他诸如此类的危险事情都不会发生。"人类的发展需要一定稳定的社会条件,这些社会条件就包含着对秩序的要求。在混乱状态之下,当人的生存都成为困难的时候,人是无法顾及发展的。每一个人乃至所有人的发展,都会对秩序提出一定的要求。相对的稳定、和平、安宁是发展的客观前提。发展是一种在生存基础上的进步,如果说生存是非常需要秩序的,那么发展就更离不开秩序。

古今中外,任何比较繁荣发达的社会,其社会环境都是稳定而有秩序的。一旦社会陷入混乱之中,人们的正常生产劳动就会受到干扰或者被迫停止,社会的发展马上就会减缓、停滞,甚至倒退。战争、动荡给社会发展带来的一次次破坏都证明了这一点。这是因为,战争、动荡不仅使发展减缓、停滞,而且还会造成社会既有物质财富的巨大损耗,有时甚至是巨大的浪费。有序与无序从不同的方面影响人类的发展。

二、秩序是高校教育管理的基本价值

在社会的意义上，秩序是管理的最基本的价值。管理作为一种具有外在强制性的行为，秩序必然对其具有重要的意义。维护秩序是管理的最基本的价值诉求，也是高等教育管理的最基本的价值诉求。

马克思说过，"规则和秩序本身对任何要包括单纯偶然性或任意性而取得社会的固定性和独立性的生产方式来说，是一个必不可少的要素"。规则不仅与秩序一样，为要摆脱单纯偶然性或任意性而取得社会的固定性和独立性的生产方式所必不可少，而且还是秩序必不可少的依据。规则对于秩序而言，具有必不可少的重要意义。

正如博登海默所言，"秩序这一术语将被用来描述法律制度的形式结构，特别是在履行其调整人类事务的任务时运用一般规则、标准和原则的法律倾向"。同理，我们也可以说，"秩序"这一术语将被用来描述高等教育制度的形式结构，特别是在履行人类的高等教育活动事务的任务时运用一般规则、标准和原则的法律倾向。

秩序是高等教育管理的基本价值。任何管理，从秩序意义上讲，都要追求并保持一定的社会有序状态。所有秩序，无论是我们在生命伊始的混沌状态中所发现的，或是我们所要致力于促成的，都可以从法律引申出它们的名称。高等教育管理没有不为一定秩序服务的。在秩序问题上，不存在高等教育管理是否服务于秩序的问题，所存在的问题仅在于高等教育管理服务于谁的秩序、怎样的秩序。难怪西方法学家普遍认为"与法永相伴随的基本价值，便是社会秩序"。这里的"法"是广泛意义上的，包括各种人类活动正式或非正式的制度，自然也包括高等教育管理的各种正式或非正式的制度。

秩序是高等教育管理的基本价值，但并不是高等教育管理的终极价值。除了秩序以外，高等教育管理追求的还有生存、安全、健康、幸福、公平、正义、自由、平等、人权、民主、法治、文明、发展等。秩序是高等教育管理的工具性价值，它与目的性价值共同引领着高等教育管理活动的健康运行。比如，秩序与自由就是一对对立统一的矛盾关系价值范畴，自由是秩序的核心和灵魂，自由并不是无条件的自由，需要秩序的限制，即秩序是自由的保障条件。但秩序对自由的保障是根本，而秩序对自由的限制是手段。秩序与发展的关系亦是如此，秩序如不以发展为目的就会变成僵死的秩序，发展如没有秩序做保证也就谈不上是可持续的良性发展。以此推之，高等教育管理的秩序价值与高等教育管理的其他价值之间，前者是后者的前提和基础，后者是前者的目的和发展。高等教育管理的秩序价值是连接高等教育管理与高等教育管理其他价值的中介，高等教育管理的秩序价值是高等教育管理的基础价值。

三、高校教育系统的"有序"和"无序"

伯顿·克拉克教授把高等教育系统的这些矛盾看作有序状态和无序状态之间的矛盾，并找出了四类有序和无序之间的矛盾，这些有序和无序的矛盾，就是高等教育系统的混沌状态。

1. 学科和系统之间的有序和无序

学科是高等教育系统底层结构中最基本的组织单位。由于不同领域的兴趣、观念和组织形式的推动，不同学科和专业领域日趋专业化，它们的聚集形式也越来越松散。学科结构变化的主要媒介寓于由专业类型决定的程序当中，高等教育系统环境的主要联系是以专业为基础的。大学、学院或研究所的每个学科部门都有跟外部单位联系的桥梁，但是局限于与同领域中的外单位的联系。所以，在以学科为基础的底层结构中，变化总是在跨单位的学科内部发生。单位外部环境的变化直接影响单位内部的某个学科。

"消费者需求"和"劳动力需求"这样重大的环境因素以及地位较高的一些单位成为样板之后造成同领域的其他单位变革的压力等原因，常常是学科专业变化的重要原因，但这种变化是非线性的，不同门类和不同系统的专业质量往往相差很大。学科变化遵循的是无序的逻辑。变化可以因学科的内在逻辑而受阻，也可以因它而发生。这些变化的特征在一些学科中比较明显，而在另一些学科中则不那么明显。但它总是始于比较有活力的中心，然后向比较平静的边缘辐射，通过这种辐射把同一个研究领域的人联结在一起。

但学术系统上层结构有着相当不同的变化方向、动力和媒介，金字塔形上层结构主要遵循上下明确一致的逻辑，行政管理的要旨就是上下协调统一。上层结构赖以存在的一个主要理由是，通过秩序能使本来会四分五裂的学科、单位和部门联系起来。统一的趋势甚至会超出一国的范围，一些国家（如西欧一些国家）的高教系统由于寻求对等的课程和学位，以及共同的就业权利和地位等原因，在一定程度上出现联合态势。总之，上层结构的特征是统一的，它的最高信条是系统化，再系统化，不要让任何不规则现象逃过人们的眼睛。上层结构的膨胀、复杂化和对外联系的增多，导致许多外界的潮流和需求成了"国家的需要"，且成了行政人员要处理的公务，有的甚至上升为法律法规。可见，上层结构变化的手段是政治协调和官僚协调，其目的就是要在系统中维持有序。

2. 上层结构中的有序和无序

高教系统上层结构的秩序还存在着一种相反的逻辑，即官僚集团的分化及其相互竞争。不同的官僚集团都是不同利益的代表者，而且这种利益集团存在明显的对应分化，一上层的多元化反映了上层结构中的"下层"的多元化。在上层结构中，下层组织在上层有自己的代表，因此，在中央，就会有代表不同下层组织利益的上层代表为自己的利益说话，利益的多元性也导致了意见的多样化，往往是上层结构的不同利益集团为了控制资源和达到各自的目的，因而接二连三造成无序。但同时，他们又必须为维护上层结构的统一而共同努力，甚至妥协。但妥协各方所做出的调整并非稳固不变，权力市场总是潜伏着不稳定因素，具有"内禀随机性"。

密歇根大学前任校长詹姆斯·杜德斯达在其《美国公立大学的未来》一书中论述道，所有大学往往只是对外部压力和机遇做出反应（甚至是反抗），而不是坚决果断地采取行动去决定和追寻它们自己的目标。因此，大学计划的实施经常被教师和工作人员抨击为官僚作风。以"自由"为名的大学教师一般高度分裂，只在自己狭窄的学科领域工作，并反抗那些动摇他们舒适地位的变革，即使这些变革明显地能使大学从中获益。很多教师对将大学与公司及政府机构相提并论非常恼火，他们对自己创造性的无政府运行状态极为自豪。现实的情况往往是：在学科面前，院校扮演了"系统"的代言人的角色；学科的无序往往并不是直接对抗系统的有序，而是表现为与"系统"的代言人——院校的对抗上。

3. 底层结构中的有序和无序

底层结构中占优势的是无序的逻辑，这种无序的逻辑也会受到与它相反的逻辑——统一的课程计划和不同学科的合作项目的干扰。因为教师们选定课程往往是根据自己的专业兴趣，这样，不同的专业兴趣使得整个课程安排会变得杂乱无章。而系科的任务就是要在杂乱无章之中理出头绪，制订出课程计划。并且根据不同的需要，把一个系的课程划分成主修课程、辅修课程、限制性选修课程、任意性选修课程等。高教系统底层结构中的无序和有序的对应在一定程度上表现为学术研究的自然倾向和传授知识的要求之间的矛盾。学术研究是个人根据各自的兴趣进行的，它要求不断打破已经建立的有序，使教材和课程不断更新，在一定程度上呈现出无序状态。而传授知识必须有序，取自各专业的知识只有被整理加工才能传授给他人，这就要求能从无序中理出头绪，找出有序。张维迎在《大学的逻辑》一书中写道："如果所有学校都由一个政府机构来管制，就很难有真正的学术自由。"因此，基于大学自治和学术自由的出发点，院校相较系统而言，表现出以无序中的有序的表征。

高教系统较高层次的不同院校部门之间同样存在有序和无序，研究性大学的发展主要依靠学科本身的动力，从事科研的教授首先遵循他们的专业兴趣，其次才顾及学生的需求。而服务性学院的发展则依靠消费者的推动，教师的活动首先必须听从为了吸引学生而制订的教学计划的指挥。从某种意义上说"研究性大学是靠内力驱动的，它接受诸多学科的指令。服务性学院是靠外力驱动的，它在很大程度上靠满足消费者的愿望而生存"。再者，各类院校在科研和教学的结合上各有不同，而且在不同时期其侧重点也会有显著差异，这主要是根据学生的生源（消费者需求）而定。当生源充足时，学校重视的是校内教职工的需求，而当生源短缺时，学校关心的则是如何吸引学生。

4. 有序和无序相互转化的演变

有序和无序不是截然相对的，它们是辩证的统一。有序可以产生无序，无序中孕育着有序，是一种"混沌序"。美国是分权制国家，教育行政管理权在州，由州教育委员会（教育厅）负责管理本州的教育事务。但实际上，大多数州往往将教育权限授予学区，基层办教育有很大的自主权，而且，州以下各级教育行政机关之间也不存在直接的行政隶属关系。因此，在美国，大学各有各的个性，无法用一个统一的标准去比较，大学的风格和特色千姿百态，可谓"无序"，但正是这种看似"无序"的状态，适应了市场的不同需求，迎合了人们的各种偏好。

再如法国，它是中央集权制的典范，法国中央政府设立的教育部是全国最高教育行政机构，对全国教育实行高度集中和统一的管理。高教系统的这种有序安排在社会飞速发展变化的情况下，常因为无法及时地应变而陷于僵局和瘫痪。

因此，高等教育系统的有序和无序普遍存在，这种有序和无序，其实质就是混沌而不是混乱。高等教育系统既不断地产生五花八门的形式，又不断地实施有条不紊地操作。这种有序和无序相互作用，相互激励。高等教育组织形式在一定程度上依靠产生并维持反变革的倾向来限制变化。或许，变化与反变化的矛盾对于适应机制来说是必不可少的，因为一个适于应变的体制正是靠着无序和有序之间的对立，才免于一成不变的。从而也印证了詹姆斯·马奇和他的同事在20世纪70年代关于高教系统是"有组织的无政府状态"的经典论述。

我国的高等教育正处在不断改革发展的关键期，但我们远不能乐观，一些看似有序的改革，其实已经或正在制造着新的无序（混沌）。对此，我们应该有充分的认识，既不能神经过敏，也不能漠然处之。要科学地分析、冷静地思考，借鉴国外先进经验，理性地应对高等教育系统的混沌状态，使我国高等教育沿着健康有序的轨道前行。

四、高校教育管理中的学术秩序

高等教育管理的组织系统是一个有序的系统，各个系统之间通过自组织系统效应和相互联系形成了和谐的关系系统。

（一）社会转型与大学学术秩序

1. 转型期我国社会的秩序问题

社会转型是指社会经济结构、文化形态、价值观念等方面发生深刻的变化。社会转型实际上就是制度整体性或局部性的转变。社会转型的主体是社会结构，它是指一种整体的和全面的结构状态过渡，而不仅仅是某些单项发展指标的实现。社会转型的具体内容是结构转换、机制转轨、利益调整和观念转变。在社会转型时期，人们的行为方式、生活方式、价值体系都会发生明显的变化。由于制度是秩序的最重要的要素，有什么样的制度就会有什么样的秩序，所以，社会转型期的"秩序问题"从秩序的要素上看也可以说是"制度问题"。因此，应对"秩序问题"从某种意义上说就是应对"制度问题"。现代大学制度简单说就是符合现代大学理念的"善的大学制度"，是关于大学的权力与利益安排的"善"的规则体系。现代大学制度包括外部制度和内部制度。外部制度处理大学与政府、大学与市场和大学与大学之间的关系；内部制度处理大学内部的各种关系。

"大学学术秩序"是大学秩序进而也是社会秩序的一部分，是现代大学制度的重要核心内容。大学学术秩序是大学学术系统存在的一种有规则的关系状态。转型期我国社会的"秩序问题"总体上包括政治秩序问题、经济秩序问题、文化秩序问题、教育秩序问题。"大学学术秩序问题"是教育秩序问题的一部分，所以也是转型期我国社会"秩序问题"的一部分。社会转型期的"秩序问题"的应对和解决过程也就是"现代制度"的构建过程；同样，社会转型期"大学学术秩序问题"的应对和解决过程也就是"现代大学制度"（最主要的是现代大学学术制度）的构建过程。

2. 高等教育系统转型所带来的"大学学术秩序问题"

我国原来的高等教育系统是和政治、经济上的计划体制相适应的计划性高等教育系统。改革开放以后，传统高等教育系统也开始了现代转型。高等教育系统转型的方向是从与政治、经济、文化上的高度集权的计划体制相适应向与社会主义现代市场体制相适应的高等教育系统转变。社会转型的核心是制度的转型。高等教育系统的转型也是以高等教育制度的转型为核心的。高等教育制度的转型就是从传统高等教育制度向现代高等教育制度转变，最主要的就是建立现代大学制度。所以，建立现代大学制度最主要的就是要建立现代大学学术制度，以保障好的大学学术秩序的形成。

而高等教育制度"全面改革"时期下的高等教育秩序转型相对来说是一个较急剧的、整体推进的过程。在这个过程中出现了较多的"高等教育秩序问题"。这些问题背后一般都蕴藏着较剧烈的权力和利益的冲突，很容易激化矛盾，有些甚至威胁到整个高等教育系统和社会的稳定。可以说，在大学制度的全面变革时期，"大学学术秩序问题"的大量出现不是偶然现象，而是这个时期所必然出现的。这些大学学术秩序问题所反映的主要是大学学术制度所规范的学术利益的重新分配和学术权力的重新配置过程中的矛盾和冲突。但是，理论界对现代大学制度的研究是以"大学"为中心的，缺乏从"制度"和"秩序"的视角进行研究；虽有一些关于大学制度的研究，但主要是对大学的"自由"问题的研究，对与"自由"相对的秩序问题不够重视；虽有对大学秩序的研究，但大多是关于大学的政治秩序和经济秩序的研究，而关于大学学术秩序的研究较少；虽有对大学学术的研究，但关于"学术"的较多，与"制度"和"秩序"的联系较少；多是就大学学术秩序问题研究大学学术秩序问题，缺乏从大学学术秩序的原因、条件、影响因素等更深层的角度来剖析，其中尤其缺乏从制度原因的角度来分析大学学术秩序。

（二）基于现代大学制度的"学术秩序"

1. 现代大学制度与大学学术秩序

从领域来看，现代大学制度包括现代大学政治制度、现代大学经济制度、现代大学学术制度，"大学学术秩序"基本上是与"现代大学学术制度"相对应的概念。"现代大学制度"与"现代大学秩序"则完全是相对的一对概念。"大学秩序"可以分为"大学政治秩序""大学经济秩序""大学学术秩序"，"大学学术秩序"是与"大学经济秩序""大学政治秩序"相对的一个概念。如果把自由和秩序作为大学制度的两个相对的维度，则"大学学术秩序"与"大学学术自由"是一对完全对应的概念。

2. 现代大学制度与大学秩序

现代大学制度是一定的大学秩序，也是一定的大学学术秩序的前提和保障，（现代）大学制度先于大学秩序和大学学术秩序。制度决定秩序，有什么样的制度才会有什么样的秩序，有"现代大学制度"才会形成现代的大学秩序和现代的大学学术秩序。同时，大学秩序及其学术秩序可以反作用于现代大学制度：（1）大学秩序和大学学术秩序的矛盾状态（问题）可以冲击一定的大学制度，突破一定的大学制度，直至形成新的大学制度。（2）良好的大学秩序和大学学术秩序可以促进大学制度的建设和发展。一定的良好的大学秩序和大学学术秩序形成后，就会具有一定的惯性和稳定性，并成为一种独立的力量反作用于已有的大学制度，促进其发展。

3. 从我国的政治逻辑看

"现代大学制度"从纵向来看由很多"条"组成，如"大学行政制度系统""大学党的领导制度系统"等，这些"条"和"大学学术系统"的"条"是交叉的。"现代大学制度"从横向看，又可以分为"人事制度""教学制度""科研制度""后勤制度""学生管理制度"等"块"，"大学学术秩序"就分布于这些"块"中。这些"块"又是纵向的"条"的组成部分。可见，"现代大学制度"和"大学学术秩序"分属于不同的"条块"中，二者都不能涵盖对方，二者的关系和相互作用比较复杂。我们应该把"大学学术秩序"作为一个独立的因素从大学系统中抽取出来，与"现代大学制度"放到一起进行研究。克拉克和康宁都把"学术"与"政府""市场"作为相对的概念，是为了强调"学术"作为独立的力量或因素在高等教育系统中的地位和作用。同样，我们也非常有必要把"大学学术秩序"作为"现代大学制度"中的独立的问题进行研究。可见，从逻辑上看，大学学术秩序在现代大学制度中也具有重要的合法性。

（三）"学术自由"与"学术秩序"

"学术自由"和"学术秩序"是相辅相成的一对概念。"学术自由"是大学和高等教育的终极追求，是大学和高等教育的核心理念，而学术秩序是学术自由的根本保障，是实现学术自由目的的手段。学术自由如同科学技术一样，是一把双刃剑，合理运用则利己利人、利社会利国家，否则相反，因而是一种有限度的自由、有规范的自由。"学术自由"的目标是发展学术，而不是破坏国家和社会的秩序。目前我国出现了很多所谓的"学术腐败"（学术不端）的问题。学术腐败是对学界中一些集体和个人为谋求小集体和一己私利，在学术研究和学术评价活动中采取的种种非理性和不规范行为的泛称,也称"学术失范"。其实,凡此种种学术失范,在很大程度上是由于学术评价制度与惩罚制度缺失造成的。"学术失范"的收益是众多失范者心存侥幸、铤而走险的重要原因。在学术腐败中,学者可能获得了某些"利益""自由",如经济上个人利益的获得使他们可以突破物质条件的限制而潇洒;政治上可以通过压制别人的学术观点而免于受别人批评;道德上可以用伪造、剽窃等违背学术道德的手段提高自己所谓的学术声望和社会地位而不受道德规范的限制。但他们获得的并不是学术自由,他们获得的所谓的"利益""自由"是以失去学术自由为代价的。可见,为了获得学术自由,就必须遵守学术规范,制定良好的学术制度,进而形成良好的学术秩序,以此来从根本上保障学术自由。

另外,在利益和权力的多元化时代,大学制度和大学秩序的要素也是多元的。如果大学制度和大学秩序是动态的且向前发展的,则这些制度和秩序的要素应该是动态地相互制衡。在理想状态下,大学制度和秩序中的各种权力和利益在力量对比上虽有起伏,但总体应该是平衡的,其中学术权力和利益应该是占优的。但在我国的大学制度和秩序中,过去是政治权力和利益占优,在现在的市场经济时代,经济权力和利益的力量又太大,学术权力和利益总的来说处于弱势地位。这其中根本性的原因是大学制度和秩序中学术制度和秩序不完善,力量太弱,不能对其他的权力和利益进行有效的制衡。

我国高等教育方面的法律法规无疑是保障我国高等教育秩序的基本制度保障,如《中华人民共和国高等教育法》《中华人民共和国学位条例》和《中华人民共和国民办教育促进法》。

(四)教学秩序

价值是主体与个体之间的一种特殊意义关系的反映,价值存在于主客体相互作用之中,是一种关系范畴。人作为价值主体,其一是具有自觉的价值意识;其二是具有能动的价值创造能力;其三是具有多维的价值尺度。教学秩序的价值是教学秩序对人的一种具有积极意义的关系。教学秩序是在同人发生关系,满足人的各种需要和利益的过程中,实现其价值的。教学秩序的价值是指教学主体(教师与学生)的一种具有积极意义的关系,也就是说,教学秩序在教学过程中能够满足人的需要和利益的属性以及对人的生存和发展具有的积极意义。教学秩序作为教学的重要保障,在价值多元的背景下,教学秩序的价值趋同于它的育人价值,这是其根本所在。人在适应秩序的过程中,秩序也在不断地适应人的发展。教学秩序作为一种特殊的社会秩序,围绕师生这个教学共同体而形成，始终是以"人"为中心，我们在关注教学秩序管理的同时，要关注"育人"的根本，这样教学秩序管理才能达到其根本的效果。

教学秩序是围绕师生之间的教学活动动态形成的，逐渐由规则演变为一种教学状态。其一，教学秩序与规则关系紧密；其二，教学秩序总是表现为一种特定的状态；其三，教学秩序更多地通过教学过程中师生的互动行为体现出来。由此我们可以看出教学秩序逐渐由规则演变为一种教学状态，随着研究的不断深入，教学秩序成为人们关注的一种合理化进程。课堂教学秩序无疑是教学秩序的核心。

教学秩序就是指教学系统诸因素之间经不断协调、整合而形成的适宜状态。具体而言，教学秩序就是指在特定的教学环境下，教师和学生双方为了达成预期的教学目标，共同研究某一个具体的教学内容，并通过选择合适的教学方法、媒体及手段，进行双向建构、深入对话和有效合作而形成的一种使师生双方都能充分浸染其中的有序状态。教学秩序的合理性具体表现为合目的性与合规律性的统一，即"什么样的教学秩序是合理的""教学秩序怎样作用于学生才是合理的"，应体现工具合理性（工具理性）与价值合理性（价值理性）的统一、交往合理性与实践合理性（实践理性）的统一。

教学秩序的建立是为了教学实践，教学实践是为了学生的发展，那么教学秩序的最终目的也应是学生的发展，即教学秩序的合教学目的性（发展性）。教学秩序的合目的性主要是指教学秩序应当符合教学自身的价值取向和发展目标（发展价值）。这种价值取向从教育的宏观层面上说应当服从社会发展和历史进步的价值导向，从个体层面上说应当有利于教学主体个体自由的提升，有利于个人真正全面的发展。教学目的是教学活动的预期结果和努力的方向。教学的目的并不是教学本身，教学目的的根本所在是学生的发展（可持续的全面发展）。合规律性主要指教学秩序同客观教学生活的"理"（规律）是一致的，即教学生活及其法则对教学秩序具有制约作用。教学生活本身作为客观性的存在，同客观世界一样也具有以"普遍性的形式"存在的规律，即客观教学生活世界的"理"。教学秩序的规律性就是教学秩序符合教学规律，符合一定的规律是合理性之所以能够掌握真理、实现目的的原因。所以，教学秩序的合理性首先要符合教学发展变化过程中的本质联系和必然趋势。

教学秩序的合规律性与合目的性是有着密切的内在关联的，前者是基础，是条件；后者是目的，是归宿，二者是有机统一的。

第三节　高校教育管理的民主价值

民主与教育、民主与教育管理、民主与高等教育管理问题，是非常重要的教育哲学问题、教育管理哲学问题和高等教育管理哲学问题。在西方学术领域，哲学家、管理学家、思想家不断对这个主题进行探讨与研究。当前结合学校实际进一步探讨这个问题，在高等教育管理领域更具有现实的意义与理论价值。

一、民主的内涵

柏拉图和亚里士多德对"民主"概念做了最早的阐释和批评。根据"自由"的原则，民主制度要求：第一，轮流统治和被统治；第二，数量上的平等。这两项设计保证权力始终掌握在人民（即"多数人"）的手中，公共决策始终反映人民的意志。20世纪政治哲学中的"民主"概念得到了更进一步的研究。杜威认为，"民主主义不仅是一种政府的形式，它首先是一种联合生活的方式，是一种共同交流经验的方式"。从这里可以看出，杜威心目中的民主已经从一种单纯的"政治民主"拓展为"社会民主"，从一种政治的架构转变为一种生活的态度。

"民主"的概念有着十分复杂的内涵，在不同时代不同人物的不同语境中有着不同的用法。归而纳之，大致有以下几种用法：

第一，作为一种"政体"的民主。在这种意义上，"民主"指的就是"人民的统治"或"人民的权力"，是与"专制政体""君主政体"等相对而言的，其权力的合法性来源于"民意"（"公意"或"众意"），而不是"天意""教皇""个人权威"或"军事恐怖"。因此，政府只不过是人民设立并通过其代理人来反映、体现、协调和实现民意的代理机构，必须对人民负责，忠诚于人民，服务于人民。相对于民意或人民的权力而言，政府的权力不是无限的，而是有限的。政府本身，也只是人民自我管理的一项制度试验，因而是可以不断地加以变更的。

第二，作为一种"程序"的民主。在这种意义上民主是指人民在公共政策领域中表达自己意愿行使自己主权的一整套程序或方法，如投票、辩论、监督、协商、妥协、不服从等。作为一种程序的民主，既是根植于作为一种政体的民主，同时也是作为一种政体的民主的保障，所以孟德斯鸠才将《选举法》看成民主政治的根本法律。

第三，作为一种基本生活态度和生活方式的民主。在这个意义上，"民主"意味着开放、宽容、平等、尊重差异等个性品质。作为一种生活态度的民主是前两种意义上的民主精神在日常生活中各个方面的表现,是人类社会民主化的最好见证,同时也是实现政治民主所必需的一些公民素质。

民主是一种普遍的价值观,是一种普适的价值体系。马克思也承认民主的普遍性,他认为"民主政治是一切国家形式的最终归宿"。阿马蒂亚·森认为:"认识民主是一种普遍适合的制度,并且正在成为一种普遍价值,这是思想史上的一场伟大革命,也是二十世纪的主要贡献之一。"

民主是人类迄今为止最好的政治制度,民主是个好东西,已经获得了广泛共识。民主已经成为一个受到普遍追捧的词,这似乎注定了无论我们走什么道路它都要和我们结伴,民主不仅是解决人们生存的手段,更是人类发展的目标;不仅是实现其他目标的工具,更契合人类自身固有的本性。民主保证人们的基本人权,给人们提供平等的机会,它本身就是人类的基本价值,民主也是高等教育管理的基本价值之一。任何教育理论都不能不同时包括两个方面,一是通过哲学来把握人的局限和人的潜能;二是着眼于政治制度来设计教育的总体目标。民主政治、民主社会、民主教育与民主管理是相互支持、相互促进的关系,民主教育必须成为真正实行民主的准备。民主主义本身便是一个教育的原则,一个教育的方针和政策。因此,作为人类重要社会活动的高等教育必然要把民主作为其基本的价值追求。

二、高校教育管理的民主理念

民主作为高等教育管理的基本价值体现在两个方面:一是体现在高等教育的民主化;二是体现在高等教育管理的民主化。

1. 高等教育的民主化

对于教育民主化的含义,不同的人有不同的主张。有的人认为,教育民主化就是普及教育(compulsory education)及其所带来的教育机会均等(equality of educational opportunity);在另一些人看来,教育民主化还包括学制的民主化、课堂生活的民主化、终身教育(学习机会的民主化)等;还有人从教育阶级属性的变革出发,认为"教育民主化"意味着"逐步打破教育由少数人、特别是社会统治者所垄断、主宰、专制,而使之被越来越多的人所享受、掌握和利用"。联合国教科文组织在20世纪70年代末的一次区域性会议上对教育民主化的这种丰富而复杂的内涵给予了一个总的概括:教育民主化既涉及入学机会均等,又涉及学业成功机会均等,还涉及教育形式的多样化,教育面向社会和生活,以及在教学内容、教学方法和教学组织中培养新精神。

高校教育民主化的核心是教育机会均等。一种是英才教育的教育机会均等,即民主并不是要求高等教育向所有人开放,而只能允许那些对智力劳动有兴趣和有能力的人进入大学。法国哲学家吉尔松认为因为国家是民主的并趋向有条件的平等,它应当经常保障接受知识精英。为此目的,国家应当促进并接受精英十分必要的人文主义类型的教育。另一种是平均主义的教育机会均等,即仅把接受高等教育作为人的一种权利,要求高等教育向所有人开放。

教育机会均等,作为人权的一种重要体现,一直被国际社会所重视。教育机会均等在当代世界高等教育理念中占有显著的位置,任何人不得因其种族、性别、语言、宗教,也不得因其经济、文化或社会差别或身体残疾而被拒绝接受高等教育。显然,这里所指的教育机会均等,是继承了英才主义的教育机会均等的有关观点。但仅此还只能算是高等教育形式上的均等,因为在接受高等教育的人的成绩方面,受中小学等前期教育的影响很大。历史上,由于政治、经济条件的不平等,许多农村和偏远山区的贫困子弟及残疾人士等处于不利境况下的人群,往往因在中小学阶段学习成绩欠佳而难以从这种形式上的高等教育机会均等中获益。为此,《21世纪的高等教育:展望与行动世界宣言》特别指出:"要实现平等地接受高等教育,就应加强并在必要时调整它与各级教育,尤其是与中等教育的联系。"

从高校教育机会均等来说,它的一个重点,也是难点,就是如何为处于不利境况下的人群提供机会均等的高等教育。这也是高等教育机会均等的一个历史难题。由于高等教育机会均等本身的复杂性和多义性,以及政治、经济和高等教育自身等因素,世界各国在解答这一问题上虽然做出了不懈的努力,但并不是一帆风顺的。

要实现不利境况下的人受教育机会均等,必须面对和解决两个难题:一是他们前期教育的缺失导致成绩不佳,因而如何解决其前期教育问题便成为实现高等教育机会均等的先决条件;二是公平与质量(大众化教育与精英教育)这一对矛盾如何处理的问题。

2. 我国高校教育民主化

《中华人民共和国高等教育法》第9条规定:"公民依法享有接受高等教育的权利。"国家采取措施,帮助少数民族学生和经济困难的学生接受高等教育。高等学校必须招收符合国家规定的录取标准的残疾学生入学,不得因其残疾而拒绝招收。第55条规定:"国家设立高等学校学生勤工助学基金和贷学金,并鼓励高等学校、企事业组织、社会团体以及其他社会组织和个人设立各种形式的助学金,对家庭经济困难的学生提供帮助。获得贷学金及助学金的学生,应当履行相应的义务。"这些条款为保障我国公民的高等教育机会均等提供了法律依据，同时也突出了高等教育机会均等的重点和难点。我国高等教育机会均等问题，除了上面论及的必须面对和解决的难题外，还有一个从最基本的有关国家政策和制度落实抓起的问题。虽然，随着高等教育体制改革，许多高校建立和健全了有关资助贫困学生的基金和贷学金制度，社会对帮助这些学生克服经济困难也付出了极大的热情和爱心，但我国各地区经济发展不平衡，仅有高校的努力、社会的爱心是远远不够的。何况高校的教育经费并不宽裕，以影响高校发展为代价来解决这一问题并非良策。

3. 高校民主管理

"二战"后，在许多西方国家，教育民主化被确立为发展高等教育的基本指导思想。美国总统教育委员会在一份报告中曾指出："我们的目标是使所有的年轻人都有平等接受高等教育的机会。"认为"普及教育不仅是民主的义务而且也是民主的需要，教育是民主自由的基础"。在日本，由美国教育使节团提交的关于教育的报告书则描述了日本民主教育的基本框架，随之在日本政府的教育政策中得到了体现。该报告书认为，民主教育的基本原理是"不论性别、种族、信仰和肤色如何，都有与他人同等享受适应个人能力的教育机会"。民主化与国际化、科学化、现代化等一起构筑了当今世界高等教育发展的基本框架，正在促使教育由以往"专制"式的精英教育模式向大众化的民主教育模式演进，民主已经成为教育的真正灵魂与不竭的发展动力。

在大学内部，民主化的发展包括决策管理的民主化，也涉及师生间在教育教学互动过程中的地位均等及相互的尊重等方面。从大学的基本性质与主要功能来考量，教育教学方式的民主化理应在高等教育民主化进程中占据首要地位。自20世纪90年代末期开始，我国高等教育的发展开始步入快车道，与此同时，在大学内部，管理决策的民主化及教育教学的民主化在深度和广度上不断推进，如强化教代会、工会在管理决策中的地位和作用，强调学生管理的制度化与人性化，重视学生权益和学生权利。

4. 教学民主化

教学民主化是高等教育管理民主化的核心。所谓教学民主化就是指在教学领域体现民主精神，创造民主平等的条件和气氛，建立民主平等的师生关系，采用民主的教育方法，调动师生双方的积极性，培养学生的自主精神，使学生得到和谐全面的发展。教学民主化是民主思想在教学领域的全面渗透。

教学民主化的主要特征是，（1）把教学过程建立在师生合作的基础上；（2）确立"以学生为主体"的教学思想；（3）承认差别，贯彻因材施教的原则。

三、高等教育组织内学术决策权

（一）学术决策权的来源

所谓学术决策权，是指高等教育组织内不同层面的机构与个人在对学术事务、学术活动等学术问题做出决策时所拥有的权力，是学术权力的特殊表现形式。它主要来源于三种渠道：其一，凭借对专业知识、专业技能的掌握或垄断获得；其二，通过职位和制度而获得；其三，通过所控制的资源获得。

（二）学术决策权的分配形式

由于高等教育组织是由纵向行政机构与横向学科机构所形成的矩阵结构，因而学术决策权在分配时有两种情形，即纵向的层次分配和横向的多元分配。

1. 学术决策权的层次分配

所谓层次是指高等教育组织在纵向上不同级别的划分。伯顿·克拉克曾将高等教育组织从讲座（系）到中央政府共分为六个层次；从典型意义上还可将其分为基层、中层、高层三个层次。

2. 学术决策权的多元分配

主要指高等教育组织横向上的学科结构享有学术决策的独立性。首先，高等教育组织中的大学是具有办学自主权的独立法人，一所大学在做出学术决策时一般不受其他大学的影响，它也无权决定其他大学的学术决策。其次，在同一大学内部，存在许多相互独立的、联邦式的学科组织，如学院（学部）、系（讲座）等。最后，高等教育组织是崇尚学术自由的组织。学术自由实际上是学术人员自主选择学术信仰、学术专业，确定学习研究方向、方法及判定出版学术成果的自由决策权。

（三）学术决策权分配的途径

1. 学术分权的途径

学术分权主要有大学自治、学术自由、教授治校、高等教育组织内基层组织学术权力的扩张等表现形式。它们主要通过以下几种途径得以实现：（1）对专业知识或技能的掌握或垄断。（2）立法分权。主要是通过法律将传统的学术进行分权，如对大学自治、学术自由等予以规定和保障。（3）制度分权。主要指在高等教育组织内部，考虑到规模和活动的特点，在工作分析、职位和部门设计的基础上，根据各管理岗位工作任务的要求，规定必要的学术决策职责和权限。(4)学术授权。主要指高等教育组织内拥有合法的、制度性学术决策权的上级行政机构或人员将从事某种特殊学术活动、学术事务的权力授予经过专门选择的高等教育机构或高等教育机构内的某级学科组织或某个具体学术人员。

2. 学术集权的途径

学术集权主要表现为以国家政府、市场为代表的外部非学术力量对高等教育组织内学术的干预和控制、大学内部行政势力对学术的干预和控制、学术自由度的限制等几个方面。它的实现主要通过以下几种渠道：(1)立法。立法并付诸实施不仅是保证大学自治、学术自由等学术分权的重要途径，更是政府等非学术力量对大学学术进行干预和控制的有效手段。(2)财政拨款。高等教育是耗资巨大的事业，它的生存和发展需要外部源源不断的资源投入。(3)制定规划。它涉及国家高等教育的规模、结构和发展速度，因此极受统治者重视。(4)评估。一般有外部评估和内部评估两种方式。外部评估是指政府通过一定方式对大学的办学状况进行判定。内部评估是指高校内部组织的评估人员对学校学术建设的评估。(5)行政命令。在学术集权的过程中，行政命令虽然不常用，但亦是手段之一。

要使我国大学学术事业得到进一步发展，就必须对学术管理方式进行改革。首先，政府的管理职能由直接管理向间接控制转变，返还原为大学所有的学术决策权，保证大学的办学自主权。其次，在政府宏观调控的同时，将大学推向市场，由市场、社会来对大学的办学效果做出评判，使大学在竞争中生存、发展，改变其政府附属机构的状况。迫使各大学实行特色办学，形成不同的学术特点。再次，改变校内行政层决定一切的局面，使他们认识学术管理要切实遵循学术发展逻辑，而不能由行政外行人员说了算，从而使基层学术组织、人员能自主决定大部分学术事务、学术活动。最后，建立较为完善的中介机构体系，协调政府与大学之间的直接冲突和矛盾，加强外部评估的引导作用。

四、教授治学制度的建设

教授治学源于西方的教授治校制度。虽然西方各国大学在办学特色上不尽相同，但在学校的内部管理制度方面却体现着共同之处，即"教授治校，给教授较大的决策和管理权"。蔡元培是国内倡导"教授治校"的第一人，他在1912年起草的《大学令》中就有设讲座、评议会和教授会的规定。

(一)"教授治学"是教授委员会制度的本质

近几年,我国高校普遍存在着院士或知名科学家担任大学校长的现象,实践证明,这一做法是有着很大的弊端的。因为现代社会越来越复杂,现代大学的规模越来越大,呈现巨型化、多校区化、多校园化的趋势,对大学校长的专业化、职业化管理提出了更高的要求。同时,治校的核心在于管理,而管理则是一个内涵极为丰富的概念,它包括管理者对组织目标的设定及根据这一目标对该组织系统所实施的组织化、制度化、程序化的一系列社会实践活动,尤其是获得各种资源并合理配置,使其充分发挥作用、提高效益的活动。对于大学这样一个从人员到任务都十分复杂的综合性学术组织而言,其管理就更不能以教学、科研为主旨的院士、教授所能承担。科研的优秀者并非是管理的杰出者,因为二者是截然不同的心智活动。因此,"教授治学"更适合现代大学的实际情况,更能反映教授委员会的本质要求。

(二)"教授治学"的内涵

1. 治学科

学科是指按照学问的性质而划分的门类。伯顿·克拉克指出:"大学本质上是围绕学科和行政单位组织的矩阵组织。作为从事高深专门知识加工和传播的高校,学科知识是组织形式,是大学结构的基础,是学科而不是行政单位把学者组织在一起。"所以"治学科"是"教授治学"的首要任务。

学科既是大学教授从事学术活动的知识载体和组织平台,又是教授生存和履行其职责的根基。学科建设是大学改革与发展的龙头。教授参与管理大学的学科建设、专业建设、人才队伍建设等重大问题。治学科,就是要善于规划学科建设方向,凸显学科发展特色,培育学科建设团队,构筑学科发展高地,改变学科分割的散乱局面,确定群体观念,并最终形成有利于大学学术发展的建设成果。

2. 治学术

学术是有系统、较专门的学问,是大学发展和真理追求的源头活水。大学制度建设的核心是学术自由、学术民主。作为学术机构的大学,学术的繁荣是大学实现可持续发展的不竭动力,如果学术缺少批判精神,学术上滋生腐败,大学的发展就失去了生命力。学术具有学科性、探究性、高深性、多样性、自由性、时代性和国际性的特征。大学教师是一个学术人。这里的学术,包括学术研究、学术责任、学术自主、学术制度、学术品格、学术创新和学术评价,其中学术研究是基础,它是大学的本质所在。"研"指"研磨""究"指"探究"。"研"求其细，"究"求其深。大学的学术研究，目的在于创新理论、发展科学、追求真理。教师对学术知识的"垄断"而形成的专业优势和在此基础上树立的学术权威是帮助学术权力扩张的基石。要使"教授治学"长久持续下去，真正凸显大学的学术本质，必须提高学者的学术含金量，树立学术权威。

3. 治学风

学风，包括学习风气和学术风气。治学风是治学术的重要方面。陈寅恪指出："没有自由思想，没有独立精神，即不能发扬真理，即不能研究学术，一切都是小事，唯此是大事。""治"的最好办法就是教授们率先垂范，以示范去立规范、行规范。教授在人才培养、教育教学和学术研究方面要体现"尊重的理念"，即"尊重知识、尊重人才"，从而确立学术本位的大学管理制度。

4. 治教学

大学的根本任务是培养合格的高质量人才，教学、科研和社会服务这三大功能都是围绕"育人"这一中心任务展开的。治教学是"教授治学"的基本任务。治教学首先要求教授走进课堂给学生尤其是本科生上课。其次是让教授广泛参与到教学管理中来。从目前高校教学管理人员的结构来看，整体教学管理水平不高，其结果是制定出的教学管理措施不配套、不科学、不规范、形式化。而教授委员会的建立有效地解决了这一问题。

（三）"教授治学"的保障机制

1. 进一步加强制度建设

道格拉斯·诺斯指出："制度是一个社会中的一些游戏规则，或者更正式地说，制度是人类设计出来调节人类相互关系的一些约束条件。"在当今什么都讲制度建设的社会里，高等教育亦是如此。教授委员会毕竟是新生事物，虽然在理念上已经被大多数学者和管理者认同，但在实际操作中仍需要进一步完善。教授也可能为了学科利益或是自身的利益做出不符合其身份的事情，所以必须加强制度建设。

我国高校的教授委员会制度起步较晚，至今成立教授委员会的高校仍为数不多，其所发挥的功能也有所不同。一般而言，教授委员会共有三种类型：一是作为决策机构。这一类型的教授委员会一般发挥实质性作用，是具有真正学术决策职能的机构，为"新型决策团体"；具有这种功能的教授委员会，其所做出的决策有优先权和控制权，在学术范围内所形成的决策，即便是与系、院行政领导有严重分歧，也仍以委员会的决策为主。二是作为咨询机构。这一类型的教授委员会一般是，当有需要审议事项的时候才召开会议，决策权还是放在党政委员会上，只充当一个顾问的角色。三是作为辅助机构。这一类型的教授委员会一般是，没有条件成立但已经体现出由教授治理学术事务的本质的形式，其机构通常称为"教师会"。而要充分发挥教授在学术信息资源方面的优先权，就应该把教授委员会定位于基层的决策机构。

虽然目前的教授委员会仍存在着机构设立无章可循、有名无实，议事规则不健全、不规范、低效率、随意性等诸多问题，但其作为一个有着近千年历史的成熟的高校内部管理组织形式，"教授委员会"有着令人信服的感召力，在自主管理高校学术事务和监督高校行政事务上有着无可置疑的权威。"教授委员会"完全可以而且应当成为高校学术权力的组织载体，成为以教授为代表的教师群体民主管理高校事务的有效途径。

2. 处理好"教授治学"与党委领导、行政管理的关系

要真正实现"教授治学"，必须使学院一级的学术权力、行政权力和政治权力良性和谐运转，明确三权各自发挥作用的领域、范围和在三者发生冲突时的协调机制。在学术领域以学术权力为主导，在行政网络系统以行政权力为主导，在政治领导中以政治权力为主，形成一种有机分工、合作与制约的关系。只有处理好教授委员会与学院行政班子、学院分党委的关系，教授委员会才能真正发挥其作用，"教授治学"才能真正实现。

3. 宏观上加强国家立法，并以实施依法治校来保障

改革是一项系统工程。大学作为社会组织，不能脱离社会而存在，其存在与发展也离不开社会资源的支持。若想实现"教授治学"，从而长久实现学术自由，必须依靠国家用具有社会约束力的法律保证其强制实施。由于种种原因，有关法律规定得不到完全落实，法律规定过于笼统，缺乏可操作性；法律救济和法律责任规定不完善；法律程序规定严重不足。比如现行高教法对大学内部管理体制没有做出规定，可借鉴日本的经验，以宪法和法律形式设置有关高校内部管理体制的可操作性条款，或将教授委员会制度以法律的形式确定下来，在完善法律的同时我们必须加强高等教育执法的力度，减少政策牵引和人为因素，树立高校依法治校观念，依法治校的良好环境的形成将有利于高校"教授治学"的实现。因此，当务之急是继续完善高等教育管理的法律，尤其是加强《大学章程》建设，通过地方立法的形式审议通过并赋予其法律效力。

第三章
高校教育学生管理创新

第一节　高校学生管理面临的问题

高校作为培养人才的重要阵地，其培养的目标是具有创新精神和实践能力的高级人才，科学、规范的学生管理工作是实现这一目标的重要保证。学生管理工作是高校教育教学工作的重要组成部分，它对于全面贯彻党的教育方针，培养入世后国家经济建设所需的"四有"人才具有重要意义。随着我国高等教育事业的不断发展，高等教育体制改革日益推进，高校学生管理工作者要以习近平新时代中国特色社会主义重要思想为指导，教育、引导大学生适应市场对人才的需要，培养出政治上坚定、有开拓创新精神、具有良好内在品质的合格人才。

一、管理体制相对滞后

在不同的历史阶段，高校学生管理工作有着不同的外部环境和影响因素，学生管理工作因而呈现出不同的组织结构和体制特征。新中国成立后，全国范围内基本通行的是"分散管理"的管理体制，在 20 世纪 80 年代初，部分高校开始出现 20 世纪 90 年代以来全国高校普遍通行的"专兼管理"的管理体制。

"专兼管理"是指学校设立了学生工作处和学生工作部，学生工作处（部）作为高校学生工作的最主要和最重要的管理部门，基本上承担全部的学生事务及其管理工作，团委作为另一个重要部门，主要承担学生课外活动和校园文化活动的组织和管理，其他部门履行部分学生工作管理的职能。各高校出于加强学生思想政治工作和纪律管理的需要，同时因为学生事务的增加、学校管理部门的职能进一步分化等原因，都普遍设立了学生工作处。为了协调行政管理和思想教育两方面的工作，一些高校又在学生工作处的基础上设立了学生工作部，学生工作部作为党委部门，其职能是领导和协调学生思想政治工作。在此基础上，许多高校还成立了校党委和校行政领导下的学生工作委员会，学生工作处（部）作为其办事机构，承担高校学生管理工作的主要任务。

整个学校的学生管理工作要形成专兼结合、齐抓共管的局面。在校一级，党总支副书记对学生管理工作负领导责任，吸纳党总支办公室主任和团总支书记，成立学生工作领导小组用以指导和协调全校的学生工作，各班（年级）配备班（年级）主任或辅导员，加强日常的思想教育和管理工作。高校内部基本形成了分工明确、专兼结合、齐抓共管，校、系两级职责分明，条块结合的学生工作网络和运行机制。立体的机构及实施系统也就是我们前面所说的"分散管理"的管理体制。这一时期，学生管理工作的权限分散在学校许多部门，学生管理工作的职能由这些部门分别实施。在系一级，学生工作主要由系总支负责，年级和班级设立辅导员，辅导员承担所有学生事务，他们"融党政于一体，集教育管理于一身"，充当起学校最为基层的学生工作者。这一时期，系一级组织具有较大的管理权限，学生工作的运行机制在较大程度上表现为"以块为主"。

近年来，随着市场经济的发展和完善，学生管理的内容与日俱增，市场经济的发展对高校学生管理产生了深刻的影响。譬如，学生工作的部分管理职能正在向服务职能转化；大学生就业正在由计划分配向双向选择、自主择业转化；固定学制正在向弹性学制转化；经济困难学生的资助由原来的发放助学金、困难补助向助学贷款和勤工助学转化等，这一系列变化都需要有新的完整的学生管理系统来保证实施，而这个系统的建立尚未完全形成。

二、管理方法陈旧

高校学生管理仍然依赖于正规的"金字塔"管理系统的行政命令式管理，他们基本上是向下传达精神、向上汇报工作。其中对学生产生直接影响且发挥较大作用的是院系学生会、团总支、班委会及宿管中心，其作用是监督学生是否违反纪律，做得好的班委会还会组织一些以娱乐为主的活动。实际上可以说，他们基本上进行的是外部控制，而不是主动地用比较科学的方法或经验指导和帮助学生成才，更不能激发学生内在的创造力。他们只告诉学生"不允许做什么"，而不是指导学生"怎样做才能更快更好更有效地成为人才"，使学生有对立感。

现有的管理模式忽视了大学生的自我教育和自我管理能力的培养，除了少数学生干部有机会锻炼组织管理能力外，绝大多数学生都没有培养和锻炼组织管理能力的机会，即使是少数的学生干部，也只是学会了一些组织实施中的监督控制能力。同时，现在的高校学生工作没有紧紧围绕培养人这个中心，是为管理而活动的，仅有的大学生自我管理往往是自发的，水平不高，效果也不是很好，没有充分发掘学生的潜能来实现自我管理，以达到既培养学生的综合创新素质，又减轻工作人员负担的效果。由于缺乏自我教育和自我管理能力的培养，现在有相当一部分学生的状况不尽如人意，主要表现在自我教育观念不强，自我管理能力差和自我服务意识弱；思想有很大的可塑性，较容易受到外界的影响；容易感情冲动，不冷静，有时感情用事，甚至缺乏理智的控制；有少部分学生很容易放纵自己，做出一些违规的事情；在学习上和生活上存在着较大的依赖性，缺少独立自主精神，不能适应新环境。

三、管理制度不健全

我国教育改革与发展已进入前所未有的攻坚阶段，而高校作为最基本的教育主体则承担着教育发展和不断创新的重任，实现高校学生工作管理模式的科学化、规范化、法制化，已成为亟待解决的问题。当前我国高校管理制度仍不健全、不完善。各高校有关学生管理方面的规定林林总总、各具特色，但总的特征是抽象、笼统、粗糙。有的高校的一些处罚性条款——尤其是对学生处以勒令退学或开除处分的规定往往本身就不合法。例如，为了严肃考风考纪，有些学校规定，考试作弊一经发现即对作弊的考生给予勒令退学或开除学籍的处分。上大学的机会对学生来说是如何的来之不易，被勒令退学或开除对学生来说往往是前途毁于一旦，且先不管如此规定是否违反高等学校教书育人的宗旨，就其本身来说其实就是不合法的。由此可见，随着依法治国步伐的加快，在校学生权利意识、法律意识增强，这些都对原有的学生管理理念、制度和方法产生了冲击，对高校原有的管理体制提出了挑战，要改变这种被动的局面，赢得主动，必须依法治校，学生管理必须实现民主法制化。

第二节 高校学生管理存在问题的原因分析

一、教学管理制度改革扩大了学生的自主权

学分制、主辅修制、弹性学制等作为教学管理的新模式在高校的施行，是新时期高等教育"以人为本""学生主体"思想的重要体现，它为学生提供了更多的学习自主权和选择权，有利于调动学生的积极性和主动性。

首先，它转变了教育观念，促进了教学改革。学分制的实施，给了学生更多的自主权，特别是学生对专业和教师的选择，这就促使教学管理要灵活多变，通过不断完善教学管理制度来适应学分制改革的需要；它同时也促进

了专业建设和课程设置改革，市场因素决定着学生对专业课的选择，学生的"选"决定学校要不断根据市场的变化调整专业和课程，这种良性循环使学校产生了良好的经济与社会效益。

其次，学生学习由被动变为主动。传统教育的弊端在于学生成为知识的奴隶，个性受到压抑，创造力难以发挥，绝大部分学生是有所学而无所用。经过学分制、主辅修制、弹性学制等教学管理制度的改革，学生明确了学习目标，掌握了学习的主动权，学生不仅对学习感兴趣，而且还把学习作为一件充满乐趣的事情来做，学生的个性得到了充分发挥。

但是，不容忽视的是，教学管理制度的改革给传统的学生工作模式带来了新的挑战：一是学生工作的载体发生了变化。新的教学管理制度客观上造成了大学生"同班不同学、同学不同班"的现象，原有的学生自然班级的概念逐渐淡化，传统的以班级为学生工作主要载体的模式也发生了变化。它要求在教学进度、课程设置、考务管理、成绩管理、教材管理、学籍管理等方面均做出相应的改变来适应其改革与发展，同时也加大了学生管理工作的难度。二是学生工作的对象呈现新的特点。新的教学管理制度的实施为大学生提供了宽松的学习环境和较为广阔的展现自我的空间，学生的个体化倾向进一步增强，集体观念、团队精神有所削弱。随着高等教育大众化进程的加快，高校学生的生源质量下降，各种思想层次、知识水平和学习目标层次的学生集聚校园，给学生管理工作带来了新的问题，增加了管理工作的复杂性，显然，处于迅速发展中的高等学校对此没有充分的思想准备，也缺乏有效的应对措施。

二、收费制度改革改变了学生与学校的关系

长期以来，大学生作为受教育者，始终处于一种被管理的地位，学校与学生之间是一种管理者与被管理者的关系，教育被当作一种管理活动来看待。如今，随着高等教育的改革与发展，特别是高校收费制度的改革，使教育不仅是一种管理活动，也成为一种消费活动，大学生不仅是受教育者，同时也是一名消费者，这就对传统的教育管理观念提出了挑战。教师在教育教学过程中，要依法维护作为消费者的学生的合法权益。但目前，高校在日常教育教学和管理实践中，往往缺乏对师生关系的新认识，他们的传统思想观念和行为会自觉或不自觉地对学生的基本权益造成侵害，认为作为学生就应该服从学校、教师的安排决定，而忽视了学生的有理性的思维，缺乏对西方文化的兼容性，对学生的教育过于条条框框，大大约束了学生的自主能力和自我管理能力。

同时，随着收费制度的改革，高校贫困生的人数在逐渐增多，他们成了高等教育不可忽视的一个特殊群体。虽然贫困生中有"自信、自强、自立、自尊"精神的学生仍是大多数，但也有不少贫困生由于经济困难而在思想上形成错误的观点，进而做出种种不道德的甚至是违法的行为。部分上学困难甚至不能上学或中途辍学的同学可能心存怨言，有的会过度偏激而对社会产生信任危机，为社会和高校学生管理工作埋下了矛盾隐患。能勉强支撑学习的同学大多一边学习一边打工，如果通过正常渠道挣钱不足以维持开支，他们就会受到社会上不良人群的影响而走上违法道路。如今，贫困生问题已不仅仅是个经济问题，更是个政治性很强的问题，它关系到高校和社会的稳定，所以，贫困生问题也是高校管理不可忽视的特殊群体问题。

三、就业形势严峻给学生管理工作带来的冲击

随着高校毕业生就业制度改革的不断深入，以及毕业生就业市场体制的逐步确立，新型的就业制度在给众多的大学生提供了公平竞争和施展才华的机会的同时，也使大部分毕业生面临严峻的就业形势。当前，高校扩招使毕业生供大于求的矛盾更加突出，一般高校毕业生尤其是专业与市场需求不对口的毕业生，就业率更低。一部分学生在各种就业选择面前不知所措，出现困惑、迷惘、焦虑、烦躁甚至恐惧的心理。因此，当前流行一些本科高校学生留最后一年时间专门找工作，专科高校学生留最后半年时间专门找工作的做法，在学生找工作期间，教学质量根本无法保证。同时，每个学生的实习情况也不一样，有的同学已找到基本稳定的工作，并在单位上班；有的同学还想继续提高自己的学历；有的同学则还在为没有找到合适的工作而四处奔波，这样就加大了学生管理工作的难度。与此同时，就业困难也成为学生厌学、打架斗殴等的重要诱因。

四、互联网的负面效应给学生管理工作带来的影响

随着高新科技特别是信息技术的迅猛发展，互联网正以惊人的速度延伸到社会的各个层面。

首先，互联网上的各种不良信息对大学生行为产生误导作用。因特网的发明者宣称：网络是一个"自由、平等"的世界，是一片"没有政府、没有警察、没有军队、没有贫贱、没有歧视"的世外桃源。正因为如此，各种社会思潮，不同国家、民族、政党的意见往往在网上激烈交锋，甚至一些低级庸俗的信息和反动的言论也会在网上畅行无阻，造成严重的信息污染，学习信息、娱乐信息、经济信息以及各种各样的色情、暴力信息、种族主义宣传、宗教仇

恨、法西斯思想、民族歧视等文化垃圾也混杂其中,大学生的价值观还未成熟,他们极易受到影响,容易采取极端过激行为,甚至产生犯罪行为。据国内外资料证实,当前网络犯罪的主体是青少年。在青少年违法犯罪案件中,与网络有关的已经占到80%~90%,其中被害人也以青少年居多。

其次,网络的虚拟化特征,导致大学生心理受害。网络创造的"虚拟现实"一方面为大学生提供了丰富的角色实践场所,满足了他们体会和尝试各种角色的精神需求,可以随心所欲地制造出假想的世界,也使得人与人之间关系逐渐疏远,他们放弃了现实生活中与他人和社会接触的机会,容易加剧自我封闭,造成人际关系的淡化。人需要有直接的交往和情感交流,如果人们之间直接交往的机会少了,就会产生心理紧张、孤僻、情感冷漠以及其他心理不健康的问题。另一方面,生动逼真并带有刺激性的游戏很容易使大学生心理失衡,混淆虚拟与现实的关系。这些不道德的行为将使大学生的交往安全感下降,容易产生多疑、恐惧、防范等心理,甚至产生心理疾病。因此,信息网络技术的发展与普及对高校学生管理工作提出的挑战是一个客观的、不容回避的现实。怎样加强对信息网络的监控与管理,防止有害信息对大学生思想的侵蚀,怎样加强互联网上的马克思主义阵地建设,构筑坚固的"精神防线",替在信息高速公路上行驶的当代大学生系上"安全带",将是新世纪加强和改进高校学生管理工作的重要任务。

总之,当前高校学生管理工作既面临良好的机遇,又面临着严峻的挑战,我们必须保持清醒的头脑,一定要从时代和历史的高度,用强烈的紧迫感和高度的责任心,抓住机遇,迎接挑战,认真做好高校学生管理工作。

第三节 高校学生管理工作加强和改进的对策

一、明确管理目标,树立科学的管理理念

1. 明确管理目标

在教育界,当前最时髦的话语就是"素质教育",所谓的"素质教育"和"应试教育"其实质不是过程而是结果。我们到底要培养什么样的学生?从理论上说是要培养社会主义四化建设的优秀人才。优秀人才的标准是什么?当然不仅仅是考试考第一名,而是对社会发展有用的人,能对社会做出贡献的人。我们的教育已走入了一个误区,一方面,中国的现代化建设急需大量人才,而现状又是人才的奇缺;另一方面,每年的大学毕业生有近30%的人找不到工作,还有大部分大学生虽然找到工作了,也是学非所用。许多家长,

特别是贫困学生的家长不愿意让孩子上大学,按经济学的理论来说,投入和产出是不成正比的,这就严肃地提出了我们的培养目标问题,而我们正是依据培养目标来实施管理的。

2. 树立科学的管理理念

新世纪高素质、高质量的人才是具有高度责任感、熟悉中国国情、致力于解决中国及世界经济建设和社会发展的实际问题的人才;是具有创新精神、创业精神、创新能力、实践能力,有能力解决中国及世界经济建设和社会发展实际问题的人才;是能活跃于国际舞台、活跃于信息化时代、活跃于市场经济条件下的竞争环境、活跃于终身学习社会的人才,而高校的任务正是要为社会管理出这样的人才,因此,这就需要高校树立科学的管理理念。

首先,营造环境的重要性。一是营造好的制度氛围。邓小平曾经说过这样的话:"好的制度能培养出好人,坏的制度能培养出坏人。"笔者的理解是要营造好的制度氛围。我国正在做这方面的努力,虽然成果初现,但是还不尽如人意,还有许多的制度直接妨碍着社会的发展。我们的投资环境不好,法律制度还不完善,大环境是很难一下子改变的,也无法急于求成,但我们不能坐等,要从制度做起,要营造积极的小环境。实践证明这是可行的,如有些学校优美如画的校园、良好的道德环境、和谐的人际关系等小环境就非常有利于学生的健康发展。二是学校领导和教职员工的示范效应。如果家长是学生的第一任教师,那么学校领导和广大的教职员工就是学生的第二任教师。心理和社会角色定位使学生的言行富有模仿性,也最信赖他们的教师,把教师看作知识的化身,高尚人格的代表,以及他们学习的榜样。教师的示范效应是由于学生本身的心理角色定位而形成的,因此,对学生的要求也就是对教师自身的要求,按照"社会认同原理",一定要有学生的楷模和偶像。还有一种示范效应就是学生自己。据报道,在北京的一所幼儿园,孩子们的英语普遍学得非常好,这得益于幼儿园在每个班级都找到了英语尖子生,让他们免费学习,因为同龄人是最容易被同龄人模仿的,在心理学上叫作"社会认同原理",这种教育也是很关键的。那么,在学校也可以想出很多这方面的办法,树立学生们自己的偶像,可以达到事半功倍的效果。三是运用管理学的"破窗原理",发现有不好的现象及时地消除掉,不能使之蔓延。管理学的"破窗原理"是指有一扇窗户玻璃被打碎了,如果不及时修补,那么第二块、第三块乃至第四、第五块很快也会被打碎的。对学校出现的一切不好的现象一定要及时的纠正,千万不能使之蔓延。

其次,管理必须以学生为中心。在高等教育改革不断深化的今天,学生管理者应重视转变管理观念，只有管理观念的更新，才能实现学生管理的创新，做到既按照合格人才的标准严格要求、精心管理，又根据学生特点，充分发挥其良好个性；既坚持宏观指导，又深入学生进行个别引导、教育；既坚持用统一的制度和培养标准去要求学生，又坚持按不同层次评价和教育管理学生；既坚持宽、严结合，又做到动态管理，从而提高管理的实效性和科学性，促进管理水平迈上一个新的台阶，更好地实现学校培养"四有"合格人才的目标。

树立"以人为本"的管理思想是做好高校学生管理工作的首要前提。人本理论是现代管理科学经常用到的主要理论之一，它在现代企业管理中起着很大的作用。现在，我们从教育管理这一角度探讨人本理论在高校学生管理工作中的应用，树立学生管理工作人本价值观，以人为本，尊重人的本质的主体性、能动性和多样性，这是学生管理工作从传统走向现代的创新之路。

最后，以引导替代限制。社会的发展很快，无论是社会科学还是自然科学都会有许多新问题出现，学生和教师都会有困惑，这时就不能简单地肯定什么或否定什么，一是怕误导学生；二是如果管得多了，会有逆反心理。现在已有许多实践证明了：真理往往掌握在少数人手里，所以要善待少数人。对于暂时解决不了的问题不要急于下结论，特别是对学生的创意千万不能随便地抹杀，我们对思想活跃的学生更要加以引导，不能认为谁的思想活跃，谁就是异类，就不能被接受。教师与学生之间一定要建立良好的沟通，平等交流，要有良好的互动。人与人之间如果没有了沟通，不难想象世界将会变成什么样子，人们之间就会没有了信任、了解、亲情、友情，等等。

二、完善学生管理体制

学生管理是对在校大学生的全方位管理，内容比较广泛，涉及学校的多个部门，需要各部门协调一致，理顺各部门关系形成合力，以应对学生管理面临的新问题。在高校学生管理工作中，一是要加强学生工作机构的建设，强化其组织协调功能，理顺学生管理系统各部门、各层次、各岗位的职责、权限关系，建立健全责任制，做到责任到岗，责任到人，责、权、利相统一。二是要适当放权，发挥基层作用。现行的高校管理体制是以校、系两级职责分明、条块结合的学生工作网络和运行机制为显著特征的，校、系应组织担负对学生进行思想教育和行政管理的双重任务。因此，既要赋予开展学生管理工作的职责，又要让其拥有开展学生管理工作所需要的权力，做到责权统一。适当下放管理权限体系，便于其及时发现问题，及时教育处理，可提高管理工作的实效性。三是进一步推行校系一级学生工作体制的党政融洽，协调统一。四是实行年级辅导员制，与学分制相适应。强化以系为单位的年级管理，进一步增强班级管理、专业教学之间的融合力度。但强化并不否认班级管理，因为在学分制的条件下，学生班级仍然是一个重要的学生单元组合，应纳入学生管理体制。

鉴于过去的传统和现在高校学生管理体制的基础，笔者对完善学生管理体制的设想是成立"精而专"的学生教育管理部。我国是一个社会主义国家，高校理所当然地要承担起我国社会主义建设继往开来的历史重任，使新一代不仅承担现代科学技术，更重要的是做好社会主义接班人，这是我国高等教育坚持社会主义政治方向的最大特色和根本保证。当前，我国高校学生管理实行的是党政合一、条块结合、纵横联合、两极运行的管理体制，这种管理体制有着管理观念陈旧、管理幅度大、效率低、效果差、管理模式单一等缺点。只有变分散管理为集中管理，变多中心"小而全"为集中的"精而专"，变间接管理为直接管理的体制，才能更好地为贯彻实施思想教育计划提供可靠的组织保证。那么，这样的管理体制是什么？笔者提出一个大胆的设想——成立学生教育管理部。

当前我国高校学生管理工作体制的模式是"专兼管理"，即以学生工作处（部）为专门机构，协调校内的团委、宣传部、德育教研室、保卫处、教务处、后勤处等部门开展工作。笔者认为，学生工作要实现"专而精"，就是要将当前兼职部门分管的所有学生事务都划归学生工作管理系统学生教育管理部，它主要包括日常管理办公室、学生资助管理中心、招生就业办公室、团委办公室、思想政治管理办公室、心理咨询中心等。其中，由日常管理中心负责对全院学生进行学籍、档案、日常、处分等管理；由学生资助管理中心负责勤工助学、困难学生资助、助学贷款、学生评优等管理；由招生就业中心负责招收学生、学生毕业就业联系等管理；由团委负责学生课外活动、校园文化活动、第二课堂等的组织和管理；由思想政治管理中心负责学生思想政治、德育、形势政策等教育的管理；由心理咨询中心负责学生心理方面的咨询与研究，每个管理部门直接面对辅导员，由辅导员再做下一级管理。

这种管理体制结构就是对现有的学生管理机构进行分化和整合，将学生工作从各基层单位中分离出来，形成功能专一的新机构，建立直属学生工作党委副书记或副校长领导的多个中心和办公室。学生教育管理部受学校党委及校长直接领导，实行管理上的直线职能制，这样便形成分工明确、职责范围清楚、管理专业化和程度高的学生管理队伍，便于学生管理上水平、上台阶。如变间接管理为直接管理。它有利于学校直接深入学生工作，建立专业队伍，改变以往由各系负责，学校间接领导的状况，取消系一级对学生管理的中间环节，克服多头领导的弊端，提高工作效率，形成畅通的信息渠道，使学生管理工作实现高效率。再如变"小而全"为集中的"精而专"。由于现行的学生管理体制实行各系负责制，在全校范围内形成了学生管理工作的多中心，而对各系部来讲，"小而全"的学生管理工作与教学、科研等相并列，很难将学生管理工作摆在突出的位置，各系领导也没有太多的精力。

集中管理就是要破除现有体制，将学生管理工作从各基层单位分离出来，形成专一的学生工作体系。首先，它有利于学生教育管理工作向科学化、专业化发展。由于成立了学生教育管理部，摆脱了政出多门，各行其是的复杂局面，使政出一门，步调一致，整齐划一，减少了中间环节，避免了推诿扯皮，使工作更加快捷有效；由于工作目标的一致性，工作性质的稳定性与专一性为学生管理的专业化奠定了基础；又由于在这种体制下，各系不再管理学生，系领导可以集中精力抓教学改革，提高教学质量和科研水平。其次，它完善了学生服务体系。学生教育管理工作已经发生了重大变化，其所包含的内容复杂，而学生教育管理部实现了招生、勤工助学、国家助学贷款、奖惩、心理咨询、就业的全面管理，为学生健康成长，顺利完成学业提供了可靠的服务。最后，它有利于提高工作效率。由于成立学生教育管理部，在对学生进行统一管理的同时，全体学生管理干部也统一归口，集中管理，由于人员所属性质的一致性，为有计划、有目的地培养、提高学生管理干部的素质提供了条件。集中管理，统一使用，也易于工作的合理安排，提高工作效率。

三、健全学生管理制度

学生是学校最大的群体，学生管理工作的成效直接关系整个高校的稳定与发展。高教改革迅猛发展，使大学越来越成为没有"围墙"的校园，大学生智商高、知识面广、观念更新周期短、法律意识不断增强，大学生个体之间、个体与学校之间的权利和利益关系也变得更加复杂，这迫切要求学生管理工作要运用法律和规章制度调节规范各主体之间的关系。依法治校、依法对大学生进行教育和管理是高等教育的任务，也是高校学生管理工作的指导思想。因此，建立科学、规范、完整的学生工作规章制度是学生管理工作的需要。高校应按照国家的有关法律规定，依据本校实际情况，制定完整的、可操作性强的程序、步骤和规章制度，并以此规范学生的行为，行使有效的管理。

首先，高校在对学生的管理中，必须依法制定全方位的规章制度，并对现有的规章和条例进行整改和修订，过去行之有效的方法和改革成果应予以继承，同时要充分考虑整个社会法制的进步和依法治校原则对学生管理的要求，无论是修订原有的规章制度，还是重新制定规章制度，都要注意与国家的法律法规、方针政策相一致，在规范管理的同时，要注意保护学生享有的合法权益，真正体现法律的价值。

其次，要更正一种错误观念，即仅仅把法律作为一种工具和手段来治理学校与办理一切事情，把法制化管理理解为"以罚治校，以罚代管"。此处"管理"并非管制，"管理"是管理和服务的统一，要把法律作为管理学校的依据和最高权威，因为法律除具有惩罚、警戒、预防违法行为的功能，更重要的是还有评价、指引、预测人们行为，保护、奖励合法行为，以及思想教育等基础功能。

最后，建立学生救济机制，保护学生的合法权益。要严格按照法律的规定，禁止侵犯学生权利行为的发生。可以建立学生申诉制度，使学生权利得到维护。

四、改进学生管理方式

高校学生管理工作应以改革创新的精神，积极探索新途径、新方法、新手段，大力推进学生管理工作进网络、进社团、进公寓，形成学生管理的新格局。

1. 学生管理工作进网络

网络技术使教育发生了根本变革，它日益成为高校大学生获取知识和各种信息的重要手段。网络文化具有内容丰富、传播快捷、环境开放、覆盖面广、难以监控等特点。它是一把"双刃剑"，既给高校学生管理工作创造了良好的机遇，又使高校学生管理工作面临严峻挑战。高校应充分利用网络这一现代化手段，搭建起有效的信息网络，积极拓展高校学生管理工作的新领域。

计算机技术是信息时代的高科技技术，是大学生必须掌握的一门应用技术。因此，要正确引导和教育学生健康地使用计算机，真正提高大学生的网络知识层次和上网水平。一要加强网络道德和心理素质教育，增强大学生的自控能力。应定期举办网络知识和网络心理讲座，从思想上对大学生进行正反两个方面的教育，树立学生的责任意识，要让他们知道在上网的过程中，什么内容是不健康的、什么行为是不道德的和违法的，以增强他们的是非敏感能力和鉴别能力。二要加强网络管理，严格入网要求，以防止有害信息的侵蚀。一方面，要提高校园网主页质量；另一方面，要加强与校外网吧的联系，帮助学生走上健康之路。三要引导大学生开展一些丰富多彩、健康向上的活动，多举办一些与学生利益相关的计算机知识竞赛和问答。四要培养团队精神，增加人际交往，实现师生之间、学生之间、学生与学校之间的网上交流，拓宽学生思想教育工作的渠道。学校可以定期组织"网页设计大赛""电子竞技大赛"等计算机方面的比赛，为学生建立良性的向导，拓宽知识面。五要培养、建立一支精干高效的学生管理工作队伍。学生管理工作者应掌握网络信息技术，学习网上教育方法，及时收集、分析、监控网络信息，发现学生关注的热点、难点问题，尤其是带倾向性、群体性的问题，应及时采取有效措施，有针对性地做好工作。

2. 学生管理工作进社团

校园文化是以学生为主体，以课外活动为主要手段，以校园精神为主要特征的群体文化。生机蓬勃、稳定和谐、健康向上的校园文化氛围，可以使大学生在参与中陶冶情操、规范行为、开启智慧，产生一种归属感和安全感，有利于增强大学生客观认识自我、完善自我以及自我判断、自我发展的能力。在素质教育的氛围下，高校社团如雨后春笋般兴起，形成了一股"创立社团热"，社团文化建设已成为校园文化建设的一个核心内容。应该说，无论是早期的文学社、艺术团、学术沙龙，还是近期的公关协会、科技开发中心等，都是青年学生在不同层次需求的驱动下，展示才华、锻炼能力、加强联系、获得沟通的好场所，其中不少社团也是教育者理解学生、调适教育行为、提高教育效果的好渠道。高校学生管理工作者应该充分利用社团，积极开展思想指导和管理工作。

首先，要提高校园社团文化的活动层次。目前，校园社团文化建设中存在"三多三少"现象，即：娱乐型的内容多，启迪型、思考型的内容少；各种社团名目多，而真正有吸引力的社团少；校内活动多，而能拿出去的东西少。究其原因，主要是社团文化活动的层次较低造成的。因此，加强校园社团文化建设就是要努力提高社团文化建设的层次，使它接近或略为超过大学生的理解能力和欣赏水平，从而更符合大学生的发展需求。

其次，要加强学生社团的规范与管理。学生社团是学生自我管理，自我教育的重要形式。学校要加强对社团组织的管理，使社团在开展活动时注意遵循以下原则：一是学生社团必须服从学校的领导和管理，学生社团应在法律、宪法和校纪校规范围内活动，不得从事与社团宗旨违背的活动；二是学生社团邀请校外人员到学校进行社会政治和学术活动，须经学校同意；三是学生社团面向校内的刊物，须经学校批准，并接受学校管理。

最后，要注意坚持开展校园社团文化活动的长期性与实效性。有些地方开展校园文化活动存在着节日时活动集中开展，平时则活动较少的现象，或者活动只注重表面，仅仅追求轰动效应，做表面文章，不注重学生从活动中获益，这样的活动与教育目标是背道而驰的，与我们校园文化建设的要求也是格格不入的，应该在工作中力戒出现。

新时代需要的是综合素质高且具有创新精神和实践能力的高级人才。要实现这一目标，新形势下高校学生管理工作必须变被动为主动，确立以人为中心的管理思想，把学生看成既是管理对象，又是管理的主体，在管理中充分发扬民主精神，调动大学生的积极性，加强自我管理。同时，我们还需要不断加强学生管理工作队伍建设，探索新的管理模式，运用现代化的教育管理手段，使高校学生管理工作进一步科学化、制度化、规范化。我们相信，只要不断学习和积极探索，高校学生管理工作一定能适应新形势的要求，为人才的培养做出更大的贡献。

第四章
高校教育教师管理创新

第一节 高校教师管理的现状

当今中国,高等教育迅猛发展,在校大学生规模逐渐扩大,大学毛入学率也已经达到42.7%,在今后的几年中,这一比率仍将持续提升。学生数量的快速增加随之带来了高等教育发展中的一系列问题,教师队伍的不足成了制约高等教育继续发展的瓶颈。

"所谓大学者,非谓有大楼之谓也,有大师之谓也。"哈佛大学科南特校长也曾说:"大学的荣誉,不在它的校舍和人数,而在于它一代一代人的质量。"建设一流的大学必须有一流的教师队伍,教学质量的提高核心在于教师,这已经成为人们的共识。如何建立起现代的高校教师管理体制,充分调动教师的工作积极性和主动性,充分发挥教师在实现学校发展目标中的主体作用,成为摆在高校管理者面前的一道难题。

目前,我国高校普遍实行的还是传统的人事管理制度,所谓人事管理制度就是对人事关系的管理,它是以从事社会劳动的人和相关的事为管理对象,在一定管理思想和原则的指导下,运用组织、协调、控制、监督等手段,形成人与人之间、人与事之间相互关系的某种状态,以实现一定目标的一系列管理活动的总和。人事管理过程包括进、管、出三个环节,管理过程强调事而忽视人,人的调进、调出被当作管理活动的中心内容。目前高校的人事管理制度表现出以下几个特征。

第一,在政府与学校的关系上,政府是学校的所有者、出资人和管理者。教育行政部门对高校的人事权、财权、项目审批权有着严格的控制。无论是人员的进出、职称晋升抑或是工资的调整以及大型项目的立项,都必须到上级教育主管部门报批,学校没有充分的自主权。

第二,在管理理念上,强调对教师人事关系的管理,主要包括教师的进、管、出三个环节。

第三,在组织结构方面实行的是类似于政府部门的科层制的垂直型组织结构。在最顶端是由书记、校长、副书记、副校长组成的领导层，负责学校大小事务的管理和决策，是学校的顶层决策机构，其组织形式是校长办公会。接下来分成两部分：一部分是行政管理机关，包括教务、人事、财务、科研、后勤保障等部门，在这些部门中管理人员根据职务级别划分为处长、副处长、科长、科员等。行政机关根据各自职责，负责政策的制定、执行以及日常管理；另一部分是教学机构。在教学机构的设置中，与行政机关相对应，设置了教学副院长、科研副院长等职位，其下又有教学秘书、科研秘书等岗位。各岗位根据职责分工和级别高低对上一级主管领导负责。

第四，在教师管理上，实行的是身份制而非契约制。虽然现在高校与教师签订合同，但在实质上仍非真正的契约制管理。特别是对高校而言，要想与教师解除合同推向社会，在实际操作上难度很大，主要是由于目前实行的退休金制度，高校教师普遍没有缴纳社会养老保险，从而无法推向社会。

第五，在绩效考核中，强调对教师进行严格考核，设定了大量的量化指标，但很少有对教师的激励措施。

第六，在管理决策上，由行政管理机构制定政策，校领导（校长办公会）对此有最终决定权。

第二节 高校教师管理存在的问题

由于目前延用的是计划经济体制下的管理模式，在社会主义市场经济体制已逐步建立的今天，原有的高校教师管理体制已经不再适应学校发展的要求，主要表现在以下几点。

第一，政校不分，政府对高校事务干预过多，而在社会保障方面又缺乏有效措施，限制了高校办学的自主权，从而造成了政府与高校关系中的政府失灵。

第二，集权制的组织结构虽然在实施管理和监督方面成效明显，但由于管理者缺乏人力资源管理理念，目前的人事管理仍着重教师的进、管、出，视教师为人力成本，把人事工作当作组织的行政事务，以事为中心，以教师的招募、考核、工资、福利、奖惩等为主要工作，缺乏对教师本身重要性的认识，未形成教师是资源的理念，缺乏对教师资源的有效开发和利用；人事权集中在学校人事管理部门，对学科、专业的发展缺乏有效支撑，而各教学单位在长期的人事制度管理体制下，对学科本身发展需要的必要的人力资源培养缺乏主动性；人事管理部门在工作中的行政泛化和路径依赖，缺乏对现代管理理论的学习和理解，从而造成学校行政管理中的学校行政失灵。许多高校管理观念滞后，视人力为成本而不是资源，把教师管理看作一项行政事务，纳入传统的"人事管理工作"范畴，表面上管理有序，实质上效率不高。教学和科研工作有着严重的行政化倾向，部分高校行政机构，人浮于事，行政人员多于教师。高校对教师实行单方面行政式垂直管理，较少关注教师方面的权利、需求及感受，忽视教师的情感需求。教师作为综合素质较高的特殊群体，有着强烈的自我尊重和自我实现意识，在满足基本物质条件的前提下，更加注重精神需求，而自上而下的行政式垂直管理既容易引起其心理排斥，也不利于充分调动其积极性和主动性。

第三，政策制定的权限集中在行政管理部门，使得在政策制定上不能有效体现教师的意愿，而管理者素质不高以及教学制度的缺陷等原因，使得制定政策先天不足，同时，教师在政策的执行过程中有抵触情绪，最终使得政策执行不力。

第四，在师资队伍的建设上，注重人才引进，轻视自有人才的培养，在教师待遇上内外有别。在教师培养方面更多的是个人的自主行为，没有根据学科的发展需要制订长期的、科学的培养规划。

第五，绩效评估体系亟待完善。当前，对教师的绩效考核存在以下几个问题。

（1）绩效考核观念缺少应有的人文关怀。

长期以来，为了鼓励教师努力工作，高校往往实行"奖惩性评价"，它不能很好地起到激励作用，与预期目标有一定的差距。教师对于绩效考核抱着被动的态度，与考评者处于对立的状态，使考评失去了应有的价值。

（2）考核标准不明确。

高校教师的工作难以有效测度，无法制定一个比较客观的绩效考评标准，往往只能从有限的几个可视指标中来进行测度。现行高校教师的绩效考核指标通常从德、能、勤、绩、廉五个方面进行考核，但实际上主要是以岗位所要求的业绩量化指标为依据，对教师的主动性、奉献精神、合作意识等难以采用量化的指标进行考核。由于对教师教学质量的评价相对比较困难，高校教师考核指标体系除了规定教师必须完成规定的课时工作量等指标外，对教师履行教学职能的评价往往流于形式。对教师科研方面则通过发表论文的级别和数量、获得科研项目的级别和经费以及科研获奖等级等方面的指标来衡量教师的能力和业绩，因此，考核结果不能全面公正地反映教师的全部工作。

（3）绩效考核结果存在误差。

绩效考核是一项复杂的综合性管理活动，必然会受到很多方面的制约。由于考核的基本环节要由人去操作和判断，绩效考评的许多标准容易受评价者的主观因素的影响,会出现偏差。一方面,由于缺乏对评价者基本的培训;另一方面,评价者的单一性和本身素质的良莠不齐,在对教师绩效的评估中会不可避免地出现误差,不同程度地导致评价有失公允,使评估结果缺乏可信度,挫伤教师的教学积极性。

(4)考核周期设置不合理。

目前,我国各高校的绩效考核多数是一年一次,以年终考核为主。事实上,不同的绩效指标需要不同的考核周期。对于任务绩效的指标,由于考核者对被考核者在这些方面的工作效果有较清晰的记录和印象,可能需要较短的考核周期,它可以及时评价和反馈工作效果,有利于及时地改进工作,提高工作效率。对于教师成果绩效的考核,则需要较长的周期,例如,教师的科研活动一般需要较长时间才能出成果,而这种成果要转化为现实的生产力,实现其经济或社会价值则需要更长的时间。

(5)对教师的绩效导向出现偏差。

不少高校没有摆正教学和科研的关系,不能科学地评价教师的工作,激励机制出现了导向性的偏差。高校的办学宗旨是教书育人,必须明确高校是教学基地而不是研究单位。近几年来,许多高校把"规模"和"名次"当成了头等大事,为了通过教育部的评估,在学校的工作目标上,纷纷形成了把科研成果作为评估的硬件,从而把科研工作摆到了极其不正常的位置。在教师职务聘任任期目标规定中,由于对科研成果制定了硬性的量化要求,而其他要求弹性较大,导致了在对教师工作的实际评价中,科研成果成了决定性的因素,由此产生的严重后果是重科研轻教学。本来教师应该全身心地投入到教学中去,把提高人才培养的质量作为自己的基本职责,但是为了保住职称和提高待遇,多数教师把精力放到写论文和发表论文上,把科研工作当成了必须完成的首要任务,占用了大量的时间和精力,从而极大地影响了教学质量。不少教师几年来只承担同一门课程的教学工作,甚至备一次课讲好几年,不进行知识的更新,目的仅仅是完成学校的工作量,把节省下来的大量时间和精力花费在科研工作上,不花心思与学生互动,无法保证教学质量,但往往是这些教师,却能够通过完成科研量达到名利双收的效果,而那些踏踏实实,一心扑在一线教学工作的部分教师,虽然得到了学生的认可,却往往因为缺乏科研量,不仅耽误了评职称,甚至出现津贴不能全额发放的现象,严重打击了这些教师的教学热情。

第六,教师资格准入制度不完善,人才引进与岗位设置不匹配。目前,我国高校教师实行资格准入制度,根据《高等教育法》规定,高等学校实行教师资格制度,高校教师资格证书制度的实施不仅为教师和教育机构提供了良好的发展机遇,也为教师职业真正成为一门"专业"创造了条件。但是也存在以下问题:教师资格标准规定较笼统,更为注重对学历的考查,无法考查教师的专业素质和教学能力,体现不出教师职业的专业性;教师资格证书的类型简单,含金量达不到应有的水平;对教师的心理素质没有严格的把关;一旦拿到了教师资格证就可以终身使用,导致缺乏对教师自身专业发展的激励。近几年,很多高校随着学校招生规模的扩大,教师需求量的增加,加大了人才引进的力度,出台了各种优惠政策来吸引高职称、高学历的教师,希望从数量和质量上充实师资队伍。但由于这些年学术腐败愈演愈烈,职称评审中的虚假现象越来越多,很多学历文凭的含金量值得怀疑。学校花了大代价引进的部分高级人才,无论在师德师风还是教学科研水平方面,都不是很理想,其中不乏"走穴"的教授和博士,完全是为了高待遇而来。如此引进人才后,虽然教师队伍扩大了,教授、博士的数量增加了,但是并没有提高教师队伍的整体素质。

第七,学校对教师的继续教育投入不足,不少教师教育水平亟待提高。当今世界是知识经济时代,充满机遇与挑战,科学、民主、平等、自由、创新成为新世纪的主旋律。面对知识的快速增长,面对层出不穷的新事物、新问题,教育理念与实践迫切需要全面革新与提升,提高高等教育质量成为高校当前最为紧迫的任务。教育要创新,需要教师进行教学方法、手段和内容的改革,而教学改革的开展又与教师教育理论水平和教育理念有关。同时,新技术的发展改变了知识的传播方式,新一代大学生更加独立和充满个性,这些都对教师提出了更高的要求:要求教师以平等的、谦虚的态度来组织教学活动,并具备利用先进科学技术的能力以及引导和启发学生提出问题的能力,掌握创造思维的方法;在教学中,要不拘泥于已有的方法,敢于提出和运用新的方法,并能在教学实践中不断充实和完善,使其成为具有自己特点的教学方法;不断提高教育理论素养,把不断学习的新知识及新技能运用到教学实践中;在教学中出现问题时,教师应当学会运用自我归纳概括能力并参考有益的信息进行分析判断,做出冷静正确的处理,以谋求教学理论的发展。但事实上,很多教师离这些要求还有很大的差距,这些差距一部分是由于教师本人的原因;另一部分的原因是由于学校没有提供合适的平台和保障,对教师的继续教育投入不足。

第三节 高校教师管理改革的发展趋势

根据高校人事管理制度的发展需要以及国家下发的一系列文件要求，高校人事制度改革呈现出以下几种趋势。

1. 在管理理念上由人事管理向人力资源管理发展

传统的人事管理重在对人的管理和事的管理，重在对人的人事档案和业务档案的管理，实质上是对教师进行身份管理。这种管理在效果上缺乏激励和引导，是一种静态的管理，视教师为成本。而人力资源管理重在对现有人员的开发和利用，同时注重队伍的重组和提升，视教师为资源。

2. 在管理方式上由静态管理向动态管理发展

现有的管理方式下，教师在达到一定的阶段后就没有了继续努力的动力，比如评定终身的职称制度以及工资制度等。在管理者身上同样存在这种问题，能上不能下的行政管理制度使得管理者在管理过程中不思进取，人浮于事。高校教师管理改革要求打破教授终身制，打破管理者手中的铁饭碗，从而提高工作的积极性。

3. 在分配上由平均主义向差异分配发展

拉大差异，注重激励，有助于调动教师的积极性，符合教师间能力存在差异以及工作投入程度不同的情况。

4. 在制度上由身份制向契约制发展

在人员聘任上，打破原有的重身份、重资历、重级别的人事管理方式，科学设定编制和岗位，竞争上岗、择优聘用、合同管理可以强化竞争机制，使人力资源配置更符合事业发展的需要。

第四节 高校教师管理模式的改进

教师管理制度改革事关高等教育的全局，涉及教育行政部门与政府间的关系，涉及社会保障体系的完善，更涉及学校的发展和教师本人的切身利益，同时，高校教师群体又具有明显区别于一般人力资源群体的特殊性，这要求我们在制度设计方面不能将企业的管理模式简单套用，而要根据教师群体的特点有针对性地进行设计。在改革中，我们应该以治理为模式，形成视教师为资源的人力资源管理理念，从政校关系、决策制度、聘任制度、考核制度和分配制度等方面重新设计教师资源管理体系，加强对教师队伍的培养和激励,促进对教师资源的有效利用,同时还要充分认识到校园文化在教师管理中的积极作用,建设具有独特风格的、和谐的校园文化。

一、重建政府与高校的关系

政校分离并不是说教育行政部门对高校的发展不管不问,而是要明确行政部门的权力和职责。政府应从举办者、办学者、管理者三位一体的全能型身份中走出来,重点行使其督导职能和保障职能。政校分离,首要的一点是要将高校与行政级别相脱离,校领导的任命应给予高校更大的自主权,由学校学术委员会选举产生,真正做到学术治校、学者治校。淡化学校领导身上的政治色彩,营造高校浓郁的学术氛围而非政治氛围。政校分离后,政府以及教育行政部门应重点做好高校的财政保障工作,应建立和完善财政制度,改革教育财政管理手段,从制度上保证高等教育发展所需要的稳定的资金支持,注重对资金分配和运用的科学管理,提高资金使用效率,同时,政府要充当中介和桥梁,扶持教育中介组织的建立和发展,推进各种捐款和捐赠制度的建立,加强企业和高校间的联系,广泛吸纳社会各界对高等教育的资金支持。

要继续大力推进事业单位人事制度改革,必须建立有效的社会保障制度。没有科学、有效的社会保障制度,高校在发展过程中就不可能放开手脚,人员的合理流动就是一句空话。只有建立有效的社会保障制度,才能彻底解决高校人事制度改革中遇到的人事关系问题,才能使教师从"学校人"真正变为"社会人"。

二、高校管理者要树立"以人为本"的管理理念

"以人为本"不是一句口号,要真正落到实处。高等教育教学是根本,教学中教师是核心。在高校的教师管理中,要牢固树立以人为中心的现代管理新理念,追求教师资源管理的人本性,提升教师的归属感,同时将教师资源开发提升到第一的位置,使高校的人事工作能着眼于人力资源的开发,致力于人才的合理、充分利用;加强管理者现代管理理论的培训和提高,积极吸收管理学领域最新的科学研究成果,并将其运用到高校师资资源管理的实际中来,做到人力资源管理方法的科学化、规范化、民主化以及管理体制的合法化和规范化,营造尊师重教的良好氛围,始终坚持尊重教师的意愿,了解教师的需求,最大限度地激发教师的积极性和创造性,使教师的潜能得到最大程度地发挥,实现高校教师管理过程中理性管理和人性化管理的有机结合。要将管理职能转化为服务职能,为教师提供良好的发展空间,为教师解

决后顾之忧，营造科学的发展平台，提升教师对学校的满意度，实现教师的满意与学校的可持续健康发展的最佳结合。

人本管理最重要的一点就是要宽容，其有两方面的含义：一是对待教师要宽容，要细心发掘教师的优点，同时还要尊重教师个人的尊严、自我价值和个人的需要，要宽容对待教师在性格方面的特性，要经常了解教师对学校工作的意见，让教师参与到学校重大制度与改革措施的制定中来；二是对待教师的学术观点要宽容，学校特别是各学科的学术带头人要能够容忍甚至是提倡多种学术观点的并存，对个别教师提出的特异性观点不能直接予以否认，要营造高校"百花齐放、百家争鸣"的宽松的学术氛围。当然，宽容不是放纵，高校教师资源管理需要有效的规章制度来规范教师行为。在负强化的基础上，更应该利用正强化效应，帮助教师尤其是青年教师制定自身的发展目标，并在教师目标的实现过程中实施有效的激励，使教师实现自我再造，充分发掘自身潜能，为教师向更高层次发展和更高价值的自我实现提供可能。

教师资源的管理应尽可能地由学院来进行，学校层面应主要负责宏观的督导与引导，其原因主要有以下三个方面。

第一，教师的管理权过分集中到学校手中，在很大程度上造成了教师和学校的对立，教师对学校的管理措施产生抵触思想，学校科层制的组织结构使学校的管理措施在实施过程中效率较低，是造成学校行政失灵的主要因素。按照治理理论的观点，对人力资源的管理应调动全方位的力量，特别要发挥学院在教师资源管理中的作用。

第二，学院是学校学科建设和发展的主要承担者，更了解学科建设中对教师资源的需求，而根据发展目标进行有针对性的管理是现代人力资源管理理论的应有之义。

第三，学院更了解教师在个人发展中的需求，在管理中更能体现对教师的人文关怀。

三、高校要实行真正的教师聘用制

从中共中央组织部、人社部、教育部联合印发的〔2000〕59号文件《关于深化高等学校人事制度改革的实施意见》，到中共中央办公厅《2010—2020年深化干部人事制度改革规划纲要》，再到中共中央组织部、人社部《关于加快推进事业单位人事制度改革的意见》，以及之后人事部颁发的一系列关于在事业单位实行聘用制的文件制度都表明，高校聘用制改革已被正式提到了高校改革的日程上来。对高校来说，推行聘用制的主要目的是打破教师职务终身制，改变教师对学校的人身依附，克服教师在职称评聘过程中的论资排辈现象。在高校聘用制的推行过程中，难点是岗位怎么设，报酬怎么定，身份怎么转，合同怎么签，上岗怎么竞，下岗怎么办，程序怎么走，社保怎么办，在这方面，我们应该在弄清自身情况的前提下，借鉴国外发达国家的成功经验。

国外大学教授普遍实行"终身教职制度"，而对低职称者普遍设置任期。美国大学实行的是教授终身制，但与之相对应的是在教师未获得终身教职前的"非升即走"制度，它规定：如果在学校工作的6年之内得不到终身制，那么他在1年内必须离开学校，另谋出路。英国原本实行的是教授、副教授、高级讲师没有任期，讲师有任期，但现在的情况也发生了变化，英国在1988年颁布了教育改革法，从法律上停止了大学教师乃至退休教师的终身在职权，学校可以适当地解雇教师。德国虽然实行的是教授无任期制，但德国对教授的聘任有着严格的规定：德国任用教授的必要条件既要具有学术性业绩或艺术性业绩，又要在从事职业最少5年内能使学术观点和方法得到应用和发展，并取得特殊业绩；同时，他们还要参加教授资格考试，必须以优秀成绩通过博士考试的合格标准，这样也只是具备了教授资格，拥有讲师称号。教授的聘任必须从校外公开招聘，不允许聘任本校任命的讲师。日本实行的是"终身雇用"和"年功序列"。美国大学的教授终身制现如今遭到了政界、财经界以及新闻界的强烈批判，认为教授终身制保障没有能力的教授，起着保障无能者安逸生活的作用。日本现在也在采取措施打破教授的终身制，原因在于终身制的实行使教师的身份得到法律保障，从而使得教师对大学教育和科学研究的热情减退，它导致了高等教育质量的下降。另外，国外大学（除日本外，这与日本实行的"年功序列"和"终身雇用"有关）教师聘任中还普遍规定了教师必须有在两个以上学校任教的经历。

在国外大学教师聘任过程中，以下四点对我们来说具有很高的借鉴意义：一是发挥审议机构的中介作用；二是制定出完善的法律以及学校的规章；三是完善公开招聘制；四是重视教师的校外经历。

鉴于此，我国高校的聘任制应做好以下几个方面的工作。

1. 科学设置岗位，下放岗位聘任权限

这其中包括两层含义：一是要根据学校的岗位总数以及各教学单位承担的教学任务情况，科学测定各单位编制；二是将岗位分成关键岗位和一般岗位，关键岗位由学校聘任，一般岗位则根据各单位编制情况，综合考虑学科发展等因素，合理地分配到各个单位，由各单位自行聘任。

2. 合理设置任期

任期设置的合理与否，将直接决定聘任制推行的成败，任期过长，则起不到聘任制应有的激励作用，使低职称者努力的动力减退，而对高职称者又起不到刺激作用；任期过短，一方面增加教师担心失业的心理负担；另一方面使功利性的研究活动增加，违背了科学发展规律，不利于教师从事科研活动的独立性和从事长期的基础性研究。同时，具备条件的学校应实行低职称教师在一定年度内的非升即走制度，在聘任到期后，如果通不过专门委员会对其进行的教学效果、科研能力以及学术水平的考核，就必须离开学校，这将极大地促进年轻教师勤奋上进，不断提高专业水平和敬业精神，还将对人才的流动和学术的交流起到积极的促进作用。与此同时，我们不妨在特定的群体内尝试终身教授制，对那些对学校发展做出突出贡献，在学校的学科建设和教师梯队建设中举足轻重的、在国内外有着极高影响力的大师级学者授予教授终身制，使他们能够安心从事研究工作，特别是一些科研周期长、工作量大的基础性研究，这将有利于对学科内的教师梯队建设起到传、帮、带的作用。需要指出的是，教授终身制在实行过程中人数不能过多，还必须坚持宁缺毋滥的原则，其最终授予权应掌握在代表学校最高学术水平的校学术委员会手中，以防止权力被滥用。

3. 完善聘任程序

要制定规范的聘任办法，并且在办法的制定中广泛征求教师意见，让教师积极参与到聘任制度的制定中来。在聘任程序上应公开、公正、公平，坚决杜绝人为操作。对于学校关键岗位的聘任，在我国无中介审议机构或机构职能不健全的情况下，必要时要聘请国内其他高校的同行专家对申请人进行鉴定；聘任工作应面向全社会公开，考核过程和结果也都要进行公示；建立教师申诉制度，如教师对聘任结果有异议，可以到指定的申诉部门申诉，申诉部门必须受理教师的异议投诉，并在规定的时间内予以答复。

4. 要与政府职能部门一起做好未聘教师的生活保障工作

特别是在推行聘用制改革的初期，除了政府职能部门要做好未聘教师的社会保障外，学校也应在能力范围内，为教师再就业创造条件，保证教师队伍的稳定。在聘任制的推行过程中，教师身份的转变是重点也是难点，只有在改变教师对学校的人身依附，完成从"学校人"到"社会人"的转变，建立学校与教师间真正的契约关系，聘任制才有可能真正实行。

四、完善教师绩效考核评价体系，建立科学的教师工作量核算模型

1. 完善教师绩效考核评价体系

（1）对教师进行绩效考核的原则。要从教学和科研两方面综合平衡考核，不能厚此薄彼。在高校的日常管理中，很容易出现重科研轻教学的现象，这一现象又容易导致一线教师教学兴趣的丧失，把主要精力放到科研上，无心进行教学以及教学法的研究，致使教学质量下降。由于对科研考核的重视，反而使科研成果日益大众化，学术价值大打折扣，同时由于教师争相进行科学研究，导致科研经费的收益下降，出现高校教师管理模式研究学研究的规模较小。

（2）考核过程要公开"公正"公平。公开原则是指对教师的考核过程、考核标准以及考核结果要公开，不能搞暗箱操作，不能人为干预；公正原则是要求考核者在考核过程中要实事求是，不能人云亦云、送"人情分"，更不能打击报复，考核者应在教师中有威信，有较高的学术地位，教学效果的公认程度高；公平原则是指应综合考核教师，不能因某一点原因就全盘否定教师的所有努力，还要给教师申诉的权利和机会。

（3）要做好考核结果的反馈和利用。考核结果要及时反馈给教师，没有反馈的考核是没有任何意义的，同时，对考核结果应有所说明，否则考核就只是一句空话，没有任何实际意义。

（4）考核应采用量化指标，又不能绝对量化。量化的指标可以更明确的评价教师的教学和科研工作，它不像描述性评价容易掺杂个人主观因素，量化的考核也可以通过调整权重等方法使评价更科学。但在设计量化指标的时候，要充分考虑到质的方面的因素，不能单单考虑授课学时、发表论文数量等，否则容易产生教师对量的追求而忽视对质的追求的导向作用。

2. 工作量定额

一般来说，高校教师工作量包括教学工作量和科研工作量两部分。首先我们先来看一下国外各高校关于工作量定额的有关规定。美国教授协会在1969年发布了《关于教师工作量的声明》，声明中指出，大学教师最大限度地教学量为每周12小时，每学年中备课不得超过6门独立的课程；声明又指出，最大限度地课程量并不一定是首选的教师工作模式，要达到有效的教学和学术水平，本科生层次的教学每周为9小时，研究生层次的教学每周为6小时。20世纪80年代，美国的高等教育受到了人们严厉的批评，公众认为大学教师没有花足够的时间进行教学。美国高等教育包括私立、独立和公立院校，就院校类型和教师任务类型来看，大学教师在教学、科研和服务等方面的工作

时间分布是有差别的。研究型大学和授予博士学位的大学占美国大学总数的10%，这些院校最强调科研，这些大学的教师分别把30%和25%的时间用于科研；综合性大学教师用于科研的时间为10%；社区学院的教师数量占教师总数的40%，他们用于科研的时间为3%。根据加州大学洛杉矶分校高等教育研究所的一项研究表明，每周教学9至12小时的教师，用于教学的时间占总工作量的32%，备课工作占25.2%；每周教学13至16小时的教师，用来备课的时间为17.3%；而每周教学在17至20小时的教师，仅用13.8%的时间来备课。按照每学期16周的教学周期来看，美国大学教师平均每学年最理想的授课工作量为：9小时 ×16周 ×2学期 =288小时。

回过头我们再来看一下国内部分高校的工作量定额情况。高校对科研成果的认定以科研与教学之间不可换算而形式各异。按照教育部《高等学校教师工作量试行办法》中的规定，教师科研工作量、指导学生以及论文等工作量的总和应占教师总工作量的三分之一，占教学工作量的二分之一。

3. 工作量核算

在工作量的核算上，大体可以分为两种方法：一是教学与科研单独核算；二是将教学工作量和科研工作量分别量化，赋予一定分值后加总，然后根据总分对教师的工作总量进行排序。这两种统计方法都有各自的缺点：第一种不易于管理者掌握教师的工作总量，而第二种方法中，教学与科研是两个不同性质的量，直接相加不能准确反映教师的实际贡献，与实际也有较大误差，而且适用范围十分有限，只能在同一类课程或专业内进行比较排序。因此，大多数高校倾向于教学工作量与科研工作量分别核算，笔者也赞同这种计算方法。

（1）教学工作量的核算。教学工作量不应仅仅是教学授课工作量与班级系数简单的加乘计算，还应考虑到质的因素。同样讲授一门课程，有的教师讲课认真、备课充分，教学方法深受学生们欢迎，教学效果好，而有的教师则可能要差许多，如果按同样系数计算工作量，则教学好的教师就会心理失衡，应该将教师的教学效果计算到教师的工作量中。

（2）科研工作量的核算。科研对于教师来说，能够使自己与自己学科领域的新进展保持一致，从而进行高质量的教学，学术研究的过程和结果往往能改变教学的内容和方法，因此，大学教师必须从事一定的科学研究。但就工作量的核算来说，由于科研成果的学术性价值难以评估，从而给核算工作带来了很大的困难。很多高等院校，为了发表而进行的科研，也被博耶称为"发现的学术"，它成了大学使命的主要部分，"发表或者出局"已成为教师职业生涯的基本模式。因此,我们在核算科研工作量时,只能根据教师科研成果的类型以及级别进行核算。科研工作量主要包括发表论文、承担课题、出版学术专著。很多学校将教材视为科研成果的一部分,而在实际工作中我们发现,绝大部分的教材都是东抄西凑,反映不出作者的学术思想和学术水平,它更侧重于衡量教师对专业知识的掌握程度,缺乏对专业领域新探索和新问题的探究,其学术价值不大,更应成为教师教学活动的一部分,建议应在教学工作量中予以核算。在科研工作量的核算上,我们要给予那些从事周期长的基础性研究的教师一些特殊政策,比如,如果经学术委员会认定,该教师的科研活动有较高的学术价值,可以在成果出来之前,按阶段认定该教师的科研工作量,并在研究成果出来后,根据实际情况核算其科研工作量。

4. 加强师资队伍建设,实施有效的激励机制

根据学校以及学科的发展需要,有针对性地对教师进行培养,同时建立有效的激励机制,调动教师在工作中的主动性与创造性,是对高校教师按照现代人力资源管理模式进行管理的重要特征。

(1)师资队伍建设的基本措施。在师资队伍建设中,应在建设规划、人才引进和教师培养等方面制定行之有效的措施,特别要注意以下几点。

第一,教师队伍建设要着眼全局,要有前瞻性。教师队伍的培养首先应有全校性的指导性培养方案。全校的培养方案应是学校管理者根据学校师资队伍的现状,包括教师队伍的年龄结构、学历结构、学员结构以及学科间的数量结构,制定出本校的教师队伍建设规划。各学院应根据本部门的师资队伍状况、教师个人的发展潜力和发展需求情况以及学科的发展需求制定详细的师资队伍培养规划。学院的培养规划要从学科建设的需要出发,要有前瞻性,同时还要充分考虑到教师的个人发展的需要。对教师的培养既要加强对精英人才的培养,培养出学科的学术带头人;也要加强对中坚力量的培养,这是学校教学的主干力量;更要加强对青年教师的培养,建立起一支老中青结合、结构合理的教师梯队。

第二,要做好人才引进工作。在高校的师资队伍建设中,人才引进对充实教师队伍,完善知识结构,活跃科研氛围起着重要作用,而且,人才引进政策起效快,对学科建设的作用明显,往往成为管理者首选的建设措施。但我们应注意到,人才引进政策虽然容易出成绩,但副作用同样明显。由于给予引进的人才极高的待遇,使本校的优秀人才产生心理落差,挫伤了他们的工作积极性,最终造成人才流失;各高校纷纷用高薪吸引人才,虽然在客观上促进了人员流动,但却增加了高校的办学成本;容易引进的人才稳定性差,特别是频繁在高校间流动的人才，往往不能对学校的学科建设起到应有作用。鉴于此，我们在制定引进人才政策的时候，要根据公平理论，对给予引进人才的待遇进行恰当的设计。引进的人才必须对学科建设起到积极而有效的推动作用，要人有所值，而且同时还要给予本校内同等层次人才相同的待遇，以免打击其积极性，造成优秀人才外流。

（2）建立科学的激励机制。根据斯金纳的强化理论，人的行为是否重复发生，与该行为发生后给予的强化有关。如果行为发生后产生了令人满意的效果，则这一行为最有可能重复发生；反之行为发生后产生了令人不满的结果，那么这一行为将不太可能重复发生。同时，他不赞成使用负强化，认为会产生不愉快的影响，而且当行为不被强化时，便倾向于逐渐消失。根据赫茨伯格的"双因素"理论，保健因素不加以改善，员工一定会产生不满，但改善后也仅仅是消除了不满，无法使员工产生满意感；而激励因素不加以改善不会使员工产生不满，但改善后一定会使员工产生满意感。人力资源管理学提出，从"以物为本"向"以人为本"的价值观转向，使有效激励成为管理工作的核心。高校教师作为一个特殊群体是高校办学的主体，是实现办学目标的主导力量，这就向高校管理者提出了更高的要求。如何充分调动高校现有教师的内在动力因素，把教师为实现目标的主导力量落实在工作的各个环节上，提高教师的教学水平、科研水平、创新能力以及为人师表的自觉性，是高校教师管理中的主要内容。科学的激励机制应根据受众的不同特点采取不同的措施。根据大学教师群体的特征，高校教师的激励措施应遵循以下原则。

第一，激励措施应将物质鼓励和精神鼓励结合起来。高校教师群体在个人的需求上对高层次的需求明显高于其他人群，注重精神激励会起到良好的效果。

第二，激励过程要注重公平性原则。根据美国心理学家亚当斯提出的公平理论，不公平使人的心理产生紧张和不安的状态，对人的行为动机有很大影响。当个人认为自己受到了不公平的对待，就会产生不满和消极行为，每个人都是用主观的判断来看待自己是否受到了公平的对待，在某种程度上，对奖励的相对值比绝对值更加重视。

第三，激励要注重时效性。奖励的时效对奖励的激励效果有很大的影响，它包括两方面的含义：一是奖励时机的选择。应在令人满意的行为发生后立即予以奖励，亦即正强化，这样强化的效果才最好。二是奖励频率的选择。奖励不能太频繁，太频繁则使其容易形成习惯，起不到激励的作用；而频率太低则会降低教师的期望值，打消教师的积极性。一般来说，长期性的、完成较困难的任务以及在工作满意度高的工作岗位，激励频率应小一些，但要让他们感到劳有所值；而经常性的、容易完成的工作和工作比较艰苦的工作岗位应经常进行激励。

第四，激励要适度。"中庸之道"是中国几千年文化的积淀，且经常被人们批判为封建思想的糟粕，其实他们是没有理解中庸思想的精髓。中庸是要我们做事时把握好度，而不是简单的折中。激励的大小要与学校的承受能力、劳动的价值相适应才能服众，才能起到良好的激励效果。激励太多，容易产生不劳而获的心理预期，产生不了工作的动力；激励太少，劳而无获，同样也产生不了积极性。

（3）有效的激励模式。应从以下几种途径对教师进行激励。

第一，在薪酬制度设计上，要突出工作量对薪金总额的影响。过于平均的薪酬制度设计容易使教师在达到一定目标后产生惰性，如果在现有职级的基础上进行分化，同时拉开各级别间的薪金额度，可以使教师即使达到了某一级别仍有向上努力的空间。特别是教授岗位，因往上职称已经到顶，可以在那些距离带头人层次尚远的教师群体中设置教授的级别，只要达到了一定的教学工作量、教学效果以及科研工作量等，就可以拿到比未达到的教师高得多的薪金，这样设置的标准就成为一种导向。

第二，树立目标，激发教师的心理预期。这也是我们经常说的目标激励法。有关目标设定的研究表明，设定恰当的和富有挑战性的目标能够产生强烈的激励作用。目标太低，激发不了积极性；目标太高，由于实现无望也同样产生不了积极性。目标的设定应遵循以下原则：一是目标要有挑战性，要具有一定的难度；二是目标要有可实现性，是指目标是教师经过自身的努力可以达到的；三是目标要具有量化指标，设定的目标不能是一个模糊的概念，要有数量和质量的指标进行表示，以便于考核；四是目标应由教师参与制定，所有教师，至少是绝大多数教师都可以广泛参与；五是目标的制定要与学校的发展目标相一致。学校要加强学科建设，提高教学质量，提升科研水平，改善教师结构，那么在教师的考核、酬金发放、职称评聘以及对教师的培养等方面都要恰当的提出对个人科研水平、教学质量以及知识结构、个人能力等方面的目标，这同时也是一种导向作用，使个人目标得以实现，间接达到学校目标的实现。

第三，公平对待教师的劳动是最好的激励措施。这里所说的公平，不是平均主义，而是按劳分配上的公平。我们在日常的工作和生活中，总是会与其他人进行比较，从而产生公平感或不公平感，教师同样如此。教师对激励措施往往更看重横向的比较，看其他人在付出同样多的劳动后得到的激励与自己获得的激励是否一致，而非仅仅是获得激励的绝对数量，而且，这种比较绝对的激励对教师来说更为重要。因此，不公平的激励在效果上甚至不如不激励。

第四，言必信，行必果。要注重对激励措施的兑现，不能只说不做，这包括两方面的含义：一是在制定激励措施时，要充分考虑学校自身的承受能力，不能做出超过学校支付能力的承诺；二是做出的承诺就要兑现，即使当初的承诺已对学校的发展失去了意义，但在学校没有明确停止激励前，仍需要兑现，这样会使教师免除付出劳动却无法获得回报的后顾之忧。

第五，教师参与决策是对教师的最大激励。教师参与决策是治理理论在高校管理中的一种实际体现，也是发扬民主、满足教师受尊重和信任的需要，同时能增进决策者和教师间的了解，创造出相互信任的心理氛围，还能增加教师的满足感和归属感。教师参与学校政策的制定是学校合理、正确决策的必要条件，而合理、正确的决策本身就是对教师最好的激励措施。现代管理心理学认为，在一个团体中，经由民主讨论而做出的决策比由领导者独断专行做出的决策能更多地获得成员的关心和支持。教师参与决策，从实际行动上证明了教师是学校的主人，而不是旁观者。教师参与决策的方式有很多种，如教师代表大会、日常规定制订时的征求意见、经常性的沟通以及成立各种由教师为主导的委员会负责专项事务的管理。教师参与决策，可以充分利用高校教师群体的高智力资源，有利于决策的科学性和合理性，还可以体现教师在学校的主人翁地位，使教师感到自身的利益和学校的利益息息相关，更有利于调动教师的积极性，使教师资源得到更充分的利用。

五、构造和谐氛围，形成独特的校园文化

校园文化是一种特殊的社会亚文化，是在特定的环境中创造出来的，与社会、时代密切相关又相对独立，有着鲜明校园特色的人文氛围、校园精神和环境。校园精神是校园文化的核心，是学校师生员工价值观和人生观的综合反映，是共同的理想、信念、追求，共同的行为规范和标准模式的综合体现。校园文化对教师的影响是看不见、摸不着的，也往往被管理者所忽视。现代的校园文化建设是现代人力资源管理理论与传统的人事管理制度之间的重要区别之一，校园文化建设对学校发展目标的实现起着保障和促进作用，主要表现在：首先，校园文化可以有目的的引导、塑造学校内部成员的行为，增强教师行为的一贯性；其次，文化本身就是一种黏合剂，可以将不同个性、不同思维方式、甚至不同价值观的教师黏合在一起，增强教师队伍的凝聚力；再次，校园文化使教师在思想上自觉地将自己与其他学校区别开来，从而对增强教师对学校的认同感和归属感起到积极的促进作用；最后，校园文化使

教师自觉地将自身利益与学校的总体利益联系在一起，将教师个人的发展目标与学校的总体目标联系在一起，教师与学校荣辱与共。

校园文化的形成非一朝一夕之功，而是在长期办学实践的基础上，经过历史的沉淀、自身的努力和外部环境的影响，逐步形成的一种特殊的社会文化形态。罗马不是一天建成的，但我们却不能因此而忽视了对校园文化的建设，教师作为其中的一分子，应该积极地投入校园文化的建设过程中，为校园文化的发展做出努力。

校园文化建设的首要任务之一，就是传承学校的悠久历史。"以史为鉴，可以知兴替"，历史是我们最好的老师。从学校的发展历史中，我们可以总结出学校建校以来发展中的成功经验和失败教训，从学校发展的荣辱兴衰中，可以帮助我们培养教师的自豪感和归属感。校园文化建设还要弘扬科学精神。科学精神是学者在长期的研究活动中形成的价值观和行为规范，是他们人格和精神气质中的精华，有着深刻的思想内涵和极强的思想文化教育功能。科学精神就是创新精神，没有创新，科学将失去生命力。在高校中弘扬科学精神，有利于教师正确树立世界观、人生观和价值观，有利于掌握科学的学习方法和研究方法，有利于教师深入地开展科学研究，提高教学质量和学术水平。

加强校园文化建设，不仅要给教师提供学术自由的发展空间，更要充分调动教师参与学校建设的积极性，为学校的发展献计献策。"百花齐放，百家争鸣"不仅仅是对教师的学术研究而言，对于学校政策的制定，更要坚持民主，在学校的决策中，要多倾听教师的声音，坚决抵制官僚作风，要认同在管理中出现的不同声音。只要全校教师都能投入学校的建设中，关心学校的发展，在各自的角度对学校政策的制定进行客观评价，我们就能在发展的道路上少走弯路，这样才能更快、更好地实现学校的发展目标。

加强校园文化建设，要建立和谐的人际关系，要创造良好的校园文化氛围，让教师有更温馨的环境，能集中精力搞好科研和教学，使教师能体验到自身存在的价值，使其被尊重、被关心、被爱护的需要得到满足。良好的校园文化氛围能维持并增进教师的心理健康，保证教师群体间的团结与合作。主要措施有以下几点：首先，改进领导作风，改善干群关系。领导者和管理者要平易近人，遇事要与教师多进行沟通，在工作上要协调一致；其次，应尊重教师在学术上的不同意见，尽可能地为教师创造良好的工作环境，关心教师生活上的困难，解除教师的后顾之忧；再次，学校要为教师间的人际交往创造良好的条件，消除各种障碍因素；最后，要加强对教师队伍中师德高尚、学术造诣突出、教学质量优秀的教师的宣传，使全校形成一种重品德、重知识、重人才的良好风气，使人力资源管理主体与教师之间形成一种互惠互利、默契双赢的局面。

总之，我们要把良好的校园文化作为学校效益、质量、规模协调发展的关键因素，并围绕学校的办学目标，合理规划，优化配置人才结构，更充分地发挥高校人力资源的效益。

六、确保高校教育经费的投入

我国1999年实施的《中华人民共和国高等教育法》规定："国家建立以财政拨款为主、其他多种渠道筹措高等教育经费为辅的体制，使高等教育事业的发展同经济、社会发展的水平相适应""国务院和省、自治区、直辖市人民政府依照教育法第55条的规定，保证国家举办的高等教育经费逐步增长""各级人民政府教育财政拨款的增长应当高于财政经常性收入的增长，并按在校生人数平均的教育费用逐步增长，保证教师工资和学生人均公用经费逐步增长"，即"三个增长"。大部分学者认为，从目前的情况来看，中国有必要大力拓宽其他的融资渠道，比如发行教育公债，专款用于教育事业，特别是用于高等院校基本建设项目，使教育成本支出在若干年内分摊，这才是缓解高校大规模扩招、财政投入严重不足的一种现实而可行的政策。此外，还应该从税收、金融、物价等政策的角度给予高等教育更大的支持，相应地增加非财政性投资。高校要讲效率，要大力推进分配制度改革，推行"以岗定薪，优劳优酬"的薪酬制度。

第五章
高校教育文化管理创新

第一节 文化和文化管理的内涵及发展过程

什么是文化？随便在网上搜索一下，就可以发现，关于文化的定义有几十甚至上百种，虽然"文化"包罗万象，但不同的定义却又殊途同归地表达着"文化"的基本内涵，即观念形态、精神产品、生活方式这三层含义，具体来说，它包括人们的世界观、思维方式、宗教信仰、心理特征、价值观念、道德标准、认知能力，以及从形式上看是物质的东西，但透过物质形式能反映人们观念上的差异和变化的一切精神的物化产品。大学文化，是大学思想、制度和精神层面的一种过程和氛围；是理想主义者的精神家园，是大学里思想启蒙、人格唤醒和心灵震撼的因素的结合体。大学应该让大学外的人向往，让大学内的人心情激动。大学是一个让我们永远怀念的场所。大学用人文精神培育出全面发展的优秀人才，使其成为民族复兴和文化复兴的中坚力量，大学要引领社会前进。大学文化是知识、能力、人格的升华和结晶。

文化管理就是"人化管理"，就是以人为根本出发点，并以实现人的价值为最终目的的尊重人性的管理。这种管理是靠管理主体与管理对象之间所形成的文化力的互动来实现的。文化管理的核心是"以人为本"。

学校文化管理与企业文化管理有着密切的关系，它借鉴了企业文化管理的思想，但是学校文化管理更是它自身内在文化因素发展的必然要求。因为学校本身就是一种文化存在，是一个文化实体，它是以传承和创造文化为己任的，是以文化为中介培养人、塑造人的机构。

学校与文化的关系是其他任何社会要素、社会组织所不可比拟的，在学校管理中，更应当重视文化的因素。学校文化管理是以文化为基础，注重学校文化建设，并利用文化要素和文化资源实施调控的学校管理活动，它具有价值性、伦理性、知识性、人本化、合作性、品牌形象性、整合性等特征。

学校文化是学校的灵魂。学校文化不仅是教师的灵魂，更是学生的灵魂。

学校文化建设的核心在于师生的认同,认同的关键是参与。可以说,无论是学生还是教师,如果对自己的学校文化没有清醒的认识,就像身处异国的游子,会产生陌生感和沮丧感,很难学有所成。

回顾改革开放以来学校管理形态的演变过程,大致分为两个阶段。

第一阶段是从改革开放到1990年前后。这一阶段的学校管理,用一句话来概括,即"经验型管理"。就是说,在这一阶段,校长对学校的管理主要是凭个人的经验,起决定作用的主要是校长的主观意志及其人格魅力。在教学管理方面,如果校长是业务能手,教学专家,他就办法多,措施多,学校教学质量也就提高较快。在学生管理方面,校长有经验,且办法多,管理就井然有序,校风、学风就好,否则校风校纪就差。特别是对教职员工的管理,调动教师的积极性,几乎全凭校长的个人魅力。因此,在这一时期,学校与学校之间的差别很大。

第二阶段是从1990年前后至今。这一阶段的学校管理,也可以用一句话来概括,就是"制度型管理"。这一阶段的标志是"校长负责制,教师聘任制,结构工资制"即所谓"三制改革"的提出和实施,其宏观背景是《教育法》《教师法》等一系列教育法律、法规的颁布与实施,"依法治国"理念的提出,教育也提出了依法治教、依法治校的理念,学校开始注意加强制度层面的建设,促使学校管理从经验型向制度化、规范化转化。随着国有企业改革的深入,企业管理的一些新理念引入教育系统,"论资排辈""平均主义"等旧观念受到冲击。

当然,这个阶段各校的管理水平也还是有差别的,但相对于第一阶段来说,已经小了很多。制度是一种相对稳定的形态,不因人事之变而变,一所学校,一种比较完善而可行的管理方略一旦形成,就不会轻易随着校长的变动而变动,或者因校长注意力的改变而改变。

以上两个阶段的划分是相对的。在第一阶段,学校管理不是完全没有制度保障,也不是说制度一点不起作用;在第二阶段,不是说学校管理中管理者的经验和个人魅力不重要,不起作用,这里主要是就其主导方面而言的,也就是说,在第一阶段,在学校管理中起主导作用的是管理者的经验、意志和个人魅力,而在第二阶段,起主导作用的则是制度。

很明显,通过以上的对比我们会发现,在学校管理工作中,制度比校长个人的经验、意志和人格魅力更重要,它更带有普遍性,起着更举足轻重的作用。

第二节 高校文化管理的特点和意义

一、文化管理和高校文化管理的特点

（一）文化管理的特点

1. 管理的中心是人

从科学管理以物为中心转变为文化管理以人为中心，人既是管理的出发点，又是管理的落脚点。尊重人、关心人、培养人、激励人、开发人的潜力，是文化管理的关键。

2. 管理的人性假设前提是"善"

科学管理把人看作"经济人"，以"性恶论"为哲学依据；文化管理把人看作"自我实现的人"和"观念人"，以"性善论"为哲学基础。

3. 控制方法追求主动

科学管理以外部控制为主，重奖重罚是主要手段；文化管理中心内置，依靠人文关怀等激励手段调动、激活行为主体的内在需求和动力，追求主动发展。

4. 管理重点为文治

科学管理直接管理人的行为，职工的一言一行都有制度约束，是典型的法治；文化管理通过管理人的思想（信念和价值观），间接影响人的行为，是一种新的管理方式——文治，即以文化来治理。

5. 领导者类型为育才型

在科学管理中，领导者恰如乐队指挥，属于指挥型领导；在文化管理中，领导者既是导师又是朋友，属于育才型领导。

6. 激励方式以内化为主

科学管理以外塑为主，依赖于工作的外部条件；文化管理以内在激励为主，着重满足职工的自尊和自我价值实现的需要，依赖于工作本身的魅力。

7. 管理特色具有人情味

科学管理的特色是纯理性管理，排斥感情因素；文化管理的特色是将理性与非理性相结合，是有人情味的管理。

8. 组织形式具有开放性

在科学管理中，权力结构明确，是"金字塔形"组织；在文化管理中，

权力结构模糊，管理者与被管理者更为平等，是平等沟通、自我学习的学习型组织。

9. 管理手段具备"软"特征

科学管理是依靠强制性的制度和物质手段的投入；文化管理依靠思想交流，价值观的认同，感情的互动和风气的熏陶，即依靠非强制性和非物质性手段的投入。管理由硬管理为主走向软硬结合，以软管理为主。

10. 管理者和被管理者的关系改变为同伴互助

科学管理强调了上级与下级之间的关系，管理者靠制度约束人；文化管理中管理者和被管理者是为了共同的目标而携手并进的，是合作伙伴关系。

（二）高校文化管理的特点

大学既是文化发展的重要成果，又是文化建设的重要载体，作为人才培养的基地，大学理应发挥文化育人作用，为中国特色社会主义事业培养建设者和接班人。作为知识的集散地和思潮的发源地，大学理应成为社会文化的风向标和引领者。在推动社会主义文化大发展大繁荣的进程中，大学一方面要加强自身的大学文化建设；另一方面要承担文化传承创新、文化辐射引领和文化服务支撑的重要使命。突出"以文化人"的教化性，这是大学文化区别于其他文化形态的重要特质；注重主流价值的导向性，这是建设社会主义大学文化的必然要求；建设各具特色的大学文化，这是各个高校张扬个性，增强文化发展生命力的关键所在。

1. 教化性

大学以人才培养为天职，大学文化必须始终围绕"育人"这一中心任务展开。大学"以文化人"，即通过文化潜移默化地感染人、熏陶人、教化人，从而达到情感陶冶、思想感化、价值认同、行为养成的功效。按照马克思主义的观点，教育的目的是促进人的全面发展，大学文化育人的过程实际上就是塑造健全人格、开发智力潜能、丰富生命内涵，使受教育者得到自由、全面、完整发展的过程。

2. 导向性

文化并非一个中性的概念，其本身具有鲜明的价值取向。当今社会呈现出多元思想文化相互交织、相互激荡的格局，需要一个占主导、支配地位的价值观来引领大学文化建设。在大学文化建设中，必须坚持以马克思主义为指导，坚持不懈地用中国特色社会主义理论体系教育师生，推动中国特色社会主义理论体系进教材、进课堂、进头脑；加强理想信念教育，弘扬以爱国主义为核心的民族精神和以改革创新为核心的时代精神；深入开展社会主义荣辱观教育和社会主义核心价值体系建设，全面加强学校思想道德体系建设。

3. 独特性

有个性才有魅力，只有特色鲜明的大学文化才是有生命力的文化。虽然大学精神具有探索真理、崇尚学术、传承文化等共性追求，但由于各个高校文化传统、类型风格各异，社会对大学的需求多样化，因此，必须建设和发展各具个性的大学文化，营造不同类型、不同层次、不同风格的大学文化形态，形成异彩纷呈、和谐互补的整体大学文化格局。多年来，我国不少高校办学定位趋同、办学理念雷同，导致大学文化建设缺乏个性，存在着同质化的倾向，这从反映大学精神文化精髓的校训表述中就可以看出，"求是""创新""厚德"等成为千篇一律的高频词。近年来，扬州大学从发掘历史积淀入手，提炼出"坚苦自立"的校训精神，诠释了100年来扬大师生坚韧刻苦、自强不息的风貌品格，强化了学校文化建设的个性色彩与独特魅力。

二、高校文化管理的意义

文化，这是一种历久的精神创造活动及其成果。对于一个民族来说，文化是民族之根；对于一个国家来说，文化是国家之魂。所以，历史上一切侵略者在攻城略地之后，接着便是设法同化当地人的文化。都德的名篇《最后一课》就是写普鲁士入侵法国，次日起学校里就不允许再用法语上课。我国历史上清政府强制汉人剃发，实行所谓"留发不留头，留头不留发"政策。一个发型何至于这样重要？其目的就是不许人们留一点汉人的痕迹，要从精神上将其摧毁。只是，几千年的汉文化实在太强大了，他们非但没有消灭汉文化，最后反而被其同化。可见，文化的影响力、渗透力之大之强不可估量。

纵观学校发展的历史，正经历着从经验管理、制度管理（科学管理）向文化管理转型的历程。学校文化管理是一种新型的更高级的管理形态，是学校经验管理、制度管理（科学管理）的总结和升华，是管理内容的回归，是与知识经济时代相适应的学校新的管理方式。作为学校管理者，构建校园文化，积极推进学校文化管理具有极其重要而深远的意义。

随着社会主义市场经济体制的建立和完善，学校建设中也逐渐引入了市场力量，学校之间的竞争在逐渐地加剧。学校要在竞争中处于优势地位，必须具备某种核心能力，充分发挥文化传承创新功能、文化辐射引领功能和文化服务支撑功能。文化对学校和人的发展存在的影响可以从深、广、远、忧四种状况来理解。

深：学校文化管理是一种内隐的、深层次的、无形的力量，这种力量决定着学校的改革、发展和成败。文化是根、是魂、是格、是力。学校文化具有导向功能、提升功能、凝聚功能、激励功能和稳定功能，为学校的发展带来动力。

广：文化无处不存在、无人不显示、无事不体现，弥漫在整个学校的全部生活之中，甚至影响到社区文化和城市文化。

远：与生俱在、与校共存、与人同享，学生时代经历先进学校文化的熏陶会一辈子受用不尽。毛泽东同志在湖南省立第一师范学校（今湖南第一师范学院）从师，周恩来同志在南开校园内发出"为中华之崛起而读书"的誓言，是校园文化环境成就了他们思想的精髓。

忧：中国已进入压力社会和消费社会，市场经济急剧发展变化，竞争空前激烈。社会财富增加，但文化价值导向滞后，传统优秀文化消失。先进学校文化建设是学校优质发展的根本，没有文化的学校是另类的薄弱学校。因此，只有学校文化，即学校的不同追求、不同理想、不同价值取向以及由此形成的不同管理风格、工作方式和生活方式，才是一所学校与其他学校的根本区别。

大学文化的内部功能主要表现为教化育人，大学文化的外部功能则包括文化的传承与创新、传播与辐射、示范与引领、服务与支撑诸多方面。

第三节　高校文化素质教育的管理现状

目前，我国高校文化素质教育管理机构有以下几种建制：一是管理机构附设在教务处，人员和业务归口于教务处；二是全部归口于学工部门，人员和业务直接设置在学工部下面；三是成立专门的常设机构，直接隶属于学校领导；四是成立学院负责文化素质教育工作，比如复旦大学的复旦学院、北京大学的元培学院、浙江大学的本科生院、宁波大学的阳明学院、山东理工大学的一年级工作部等。

相对于管理机构的多样化，目前我国文化素质教育课程设置与实施方式也是丰富多彩的。主要有四种形式：一是建立课程系列，推荐必读书目；二是建立模块课程选修制；三是推行课程套餐制；四是结合欧美的通识教育形式、经验与内容，成立文理学院（通识教育学院或本科生院）。

迄今为止，我们的大学生文化素质教育尚未建立一套切实可行、可以推广的评价体系。教育部高等学校文化素质教育指导委员会曾经建立了一套针对设置大学生文化素质教育基地的高校基地评价指标，但是其评估对象是学生文化素质教育基地,而不是对教育的成效进行评价。

总体来看,目前高校文化素质教育管理存在的问题主要有以下几个。其一,管理机构条块交叉。各高校虽然在机构设置上都体现了对大学生文化素质教育的重视,但在具体工作中却存在一定的差别。由于不同的体制与机构有着不同的工作范围、责任定位、职能效力与资源配置,所以其工作绩效或者说机构的工作能力也是不同的。其二,课程设置与实施方式随意性大。目前的课程设置基本上是从学校和教师的角度出发,较少考虑学生的实际期望,因而难免有些课程学生不感兴趣,也难免有价值不大的课程混杂其中,在课程的构成上科学论证不足,"拼盘"现象明显。学者李曼丽在调查北京大学、清华大学和北京师范大学的文化素质教育课程时发现,这几所大学的课程不同程度地存在种类不合理、内容过于偏向应用型、领域划分普遍缺乏明确标准等问题,特别是普遍较多地强调政治素质的培养,而忽略了最基本的公民素质的培养,道德伦理和社会分析类、科学类课程开设不足,对课程比例的合理性缺乏深入的探讨。其三,课程内容存在知识化倾向。高校大多以掌握知识的数量来考虑课程的价值,以知识体系的选择来代替课程体系的设计,造成了知识量太大而课时有限的困境。其四,评价体系不完善。现有的以学校为单位的评价体系存在各自为政、各有侧重的特点,尤其受到行政力量与个人好恶以及传统思维的影响。

第四节 高校文化管理的举措

针对高校文化素质教育管理存在的问题,相对于学校硬环境建设和制度建设,学校文化建设具有看不见、摸不着的隐性特点,需要我们做出更加艰巨、更加长期的努力。

学校文化与制度管理是有机统一、互为补充的。做管理工作最终的落脚点是人的思想问题。严格管理的规范的制度能否落实到位,取决于人的思想高度和认识程度。学校文化必将为制度管理提供一个人文环境。

可以说,文化与制度的关系一如道德与法律,学校文化是学校制度的有益补充,两者相互统一。总之,学校文化的出现和完善不仅是学校发展的必然,也将是传统教育方式向素质教育方式转变的必由之路。这种文化又是人的文化,是以人为本的文化,突出"人文""人本""人情""人性""人权"在管理中的作用,从而形成一个强大的"磁场"。它是弥漫在空气中的一种精神存在,或见于谈吐,或形于笔端,形成学校管理的文化,即所谓的管理文化。校园文化建设在学校管理主要从以下几方面来展开。

1. 用物质文化陶冶人

校园物质文化是校园的外显文化，是以某种文字符号为载体，将校园精神显现于校园的各种标记物之中，如校服、校歌、校刊校报、雕塑、学校建筑、艺术节、文化墙、名言警句等，它是校园思想文化建设的前提和条件，是思想文化、制度文化赖以生存发展的基础和载体，有利于陶冶师生的情操。优美的校园环境有着春风化雨，润物无声的作用，如诗如画的校园风光，干净整洁的校园环境，美观科学的教室布置，文明健康的文化教育设施等，无不给学生以巨大的精神力量；学生在优美的校园环境中受到感染和熏陶，触景生情，因美生爱，从而激发学生爱学校、爱教师、爱同学、爱家乡、爱祖国的高尚情操；所有这些都有利于学生正确的世界观、人生观、价值观的形成。

2. 用制度文化规范人

校园制度文化是指校园人在交往过程中缔结的社会关系以及用于调控这些关系的规范体系，是校园一切活动的准则，它包括相关的法律法规、学校管理体制及其规章制度、组织机构及其运行机制、特定的行为规范等。校园制度文化从根本上决定着校园的正常运行和创新发展，是校园思想文化建设的保证。建立和健全学校规章制度，塑造良好的校园制度文化，是校园文化建设的重要内容，也是提高学校有效执行力的重要保障。制度文化以其导向性与规范性、稳定性与发展性、科学性与教育性的特征彰显校园文化。

3. 用思想文化凝聚人

校园思想文化是指学校在长期办学过程中形成的一种学校意识和文化观念，它是一种深层次的校园文化，是校园文化的灵魂，主要体现在班风、校风的建设上。班风、校风看不见、摸不着，但它渗透表现在校园内多种文化载体及其行为主体的身上，让人时时处处切实感受到它独特的感染力、凝聚力、震撼力。置身其中，受教育者无须教育者更多的说教便会自然而然地、不知不觉的感悟它对心灵的净化和情感的熏陶。校园思想文化是校园的内隐文化，是校园文化的深层内涵，是在长期的校园物质文化、校园制度文化和校园行为文化的建设过程中积淀、整合、提炼出来的，用来反映学校广大师生员工共同的理想目标、文化传统、学术风范和行为准则的价值观念体系，难以用文字、符号表达出来。校园思想文化是一所学校整体面貌、水平、特色、凝聚力、感召力和生命力的体现。

校园思想文化作为一种强大的教育力量，对广大师生的健康成长有着巨大的影响：一是导向功能，即指导个人正确认识和处理个人与学校组织的关系，把个人行为引导到学校组织目标上来，使他们向着学校期望的方向发展；二是凝聚功能，即思想文化起着心灵黏合剂的作用，它把各个方面、各个层次的人都聚合到一起，使师生员工对学校产生一种使命感、自豪感、归属感，形成强烈的向心力、凝聚力和群体意识；三是激励功能，即思想文化往往能产生一种激励机制，激起校园人的积极性、主动性与创造性，使学校成员保持高昂的情绪和奋进精神，获得各种精神需求的满足；四是控制功能，即思想文化具有强大的心理制约力量，使校园人接受必要的约束，使个体行为符合共同的准则；五是辐射功能，即校园思想文化以其独特的方式，在向师生教育、影响的同时，也对周边及社会产生影响。

学校文化与制度管理具体包括校长文化管理、教师文化管理、学生文化管理、物质文化管理和精神文化管理五个方面。此外，还有教室文化管理、教研组文化管理、宿舍文化管理、食堂文化管理等。

第六章
高校教育课程管理创新

第一节 高校课程管理研究的现状

高校课程建设是学校教学基本建设的重要组成部分，是提高教育教学水平和人才培养质量的关键，它对高校的教育质量有着举足轻重的影响。近年来，国家主抓教学内容、课程体系和教学方法的改革及教学管理，对高校课程建设提出要求，以提高高等学校的教学质量。

一、课程管理的研究历程

课程管理研究最早可回溯至 1925 年美国学者杰克·福兰德尔提出的"课程控制"，他结合学校情况做了一些实证研究，其后，实证与理论性的探讨便不断增加。20 世纪 80 年代初，皮特·哈灵格和杰克·墨菲等人提出"教学领导"问题，引起了教育界极大的重视，同期，"课程管理"和课程领导的研究成果也相对较多地开始出现。日本在 20 世纪六七十年代也出现以课程经营或运营为名的成果。20 世纪 80 年代后期，中国的廖哲勋等人的著作中也涉及了课程管理问题，但是未见专门研究的论著。至于被普遍认可的"课程管理"一词直到 1994 年在课程视导与开发学会（ASCD）的年鉴中才由亚历山大提出。

二、课程管理研究的内容

1. 课程管理的研究课题

课程管理研究处于起步阶段，明确课程管理领域要探讨的问题显得十分必要。钟启泉认为，课程管理的工作内容有：关于课程标准的工作；关于课程编制的工作；关于课程实施的工作；关于整顿课程实施条件的工作；关于课程评价的工作。郭晓明提出，当前课程管理中亟待探讨的若干问题是：课程管理基本体制研究；课程设计管理；课程实施管理和课程评价管理。李慧君则认为，课程管理应做好以下几点：建立健全课程管理体制，按可控系统建立课程管理模式；建立健全课程管理制度。日本课程管理的研究以课程的经营或运营来体现，如日本教师养成研究会编《课程》（1949年）中课程运营要研究教师的工作、教学大纲、课程实施上的问题和学习环境的问题。海后宗臣《教学经营大系卷四》（1963年）则列举课程经营要进行学科的经营——教学目标的确定、教学计划的制定、教学方式及其管理、测验管理；道德科的管理——设置道德科的基本观点、道德科的年度教学计划的原则、结构及编制、教案的编写与资料的活用；课外活动的管理——课外活动管理和学校例行活动的管理。《现代学校经营讲座卷三》（1976年）确立课程管理的理论框架如下：课程的标准与编制；学校的教育计划与课程编制；教授、学习的系统化；设施、设备、教材、教具的管理；课外教育与课程；教育决策与评价。可见，课程管理研究主要集中于课程管理体制、过程和技术手段等领域。

2. 课程管理体制研究

关于课程管理体制的类型，国内研究较多的是课程管理体制方面。贾非、郭继东、郭晓明等人对课程管理模式进行了讨论，认为有统一计划型、分散管理型、板块型和蛋糕型四种，并做了比较分析，认为实行统一与分散结合的模式（体制）是我国课程管理体制的方向。郭继东认为，我国的课程管理体制改革不能采取激进方式，在改革过程中，首先，要将课程管理权进行合理分解；其次，应采用并行和渐进策略，促使课程管理体制顺利过渡；最后，要吸取板块型和蛋糕型的各自优势，提高课程管理体制的科学化。郭晓明明确提及课程管理机构，他指出，基础教育中中央教育行政部门应设立三个相互联系的管理机构，即"全国中小学课程委员会""全国中小学教材审定委员会""全国中小学考试委员会"，并对他们的职责和相互关系做了简短的分析。李慧君则着重提出要建立健全课程管理制度，严格按规律制度管理课程，但是对怎样制订制度只提出了两条原则，对具体制度内容涉及很少。

3. 课程管理过程研究

李慧君认为，课程运行的管理包括组织力量，他强调在对课程环境调查研究的基础上进行规划决策，即确定课程目标、设计课程结构，选择教学内容等，在课程实施阶段，要通过组织、协调、控制等一系列手段，使课程资源得到充分有效的利用，以便取得最优的课程效果；通过对课程实施结果的评价，找出结果与目标之间的差距，对决策过程和实施过程进行修改、校正，使课程系统最大限度地接近课程目标。

4. 高校课程管理研究状态

我国《高等教育法》《中共中央关于教育体制改革的决定》等法规文件

涉及了学校课程管理的内容，《大学教学论》《高校教学管理》之类的著作也涉及了这方面的内容，但浅尝辄止，主要是研究了教学管理方面的内容。王良志讨论了我国大学课程管理的模式。而深入课程管理问题内部的仅有王伟廉《高校课程管理：中国高校教学改革亟待开拓的研究领域》一文，他对高校课程管理做了初步的界定，主要目的还是呼吁大家提高对高校课程管理研究的重视。

高等学校课程管理是以高质量的人才产出为宗旨的，然而高校课程的运行往往偏离这一目标。曾经任哈佛大学校长的博客以管理者的眼光认为："现在的情况是大学在努力增加新设备，开展新活动，为学生提供服务，却很少花时间帮助学生提高学习成绩……许多教育家也许不同意这个结论……但事实依然是教职员和行政人员在教育上花的时间几乎全部用来考虑学生应该学习的内容，而不是考虑他们应该学习得更有效率，以及是否学到了应该学得那么多的知识。"《本科教育设计》一书提出，应以时间、空间、资源、组织、程序、成果这样六个课程维度来设计、管理学校课程，开发出富有创造性和协调的课程模式，更好地达到学校的教育目标。

基恩·布克和大卫·沃思顿于1994年主编了《管理大学课程：形成共同动因》（*Managing the university curriculum: making common cause*）一书，其中以英国高等教育20世纪60年代以来的变革为主，先是罗宾斯报告，十几年后的开放大学出现，及20世纪80年代中期以来玛格丽特·撒切尔政策影响，大学扩张但投资并未增长给大学带来的沉重影响为背景，用政府的眼光，大学校长和大学中层管理者和授课者的观点，仔细看待大学、大学课程的管理，以试图恢复整个学术领地（指大学）的活力和地位。

纵观整个研究状况，高校课程管理研究十分薄弱，现有的文献材料仅集中于中小学课程管理，但这方面的研究也存在着不少的问题。整个研究领域的文章大都只限于作者的问题意识，按理论思维提出课程管理要解决的问题，不能形成较为完整的研究框架，留意讨论的问题也缺乏深度。表现在课程管理手段上，除单一的行政方式，没有技术手段的研究，课程管理过程中目标的确定、内容的组织、课程的评价还未被研究过，更别提研究成果的出现。又如课程管理体制的研究，虽有些论述，但是对课程管理机构应设置哪些，机构之间的隶属关系怎样，及与机构设置对应的权力归属问题，讨论笼统、模糊，未能形成指导意义，所见的材料大都局限在经验研究的层面，以静态的视角出发探讨具有动态过程特性的课程管理，就导致了课程管理研究的先天不足。

我们认为课程管理体制研究是课程管理研究的关键所在。因为研究课程管理体制必然要研究课程管理机构设置、权力归属、人员配备；各机构如何对课程实施进行调控，使用何种手段，遵循什么样的规章制度去实现教育和国家的目的，所以，课程管理体制的研究为我们研究课程管理提供了完整的实际框架。

高校课程管理体制是高校课程管理机构和课程管理规范的统一体，它是整个教育管理体制的一部分，包括课程的行政体制和高校内部管理体制。课程管理体制主要涉及的是课程行政和校内课程管理机构的设置、职责权限的划分及其制度。高校课程管理体制本是静态的，它对具体课程管理活动的影响通过课程管理机制进行。课程管理机制指课程管理的各级机构、人员与课程的关系和运转方式。课程管理体制各部分的存在必然要求解决如何协调各个部分之间的关系和如何管理课程的问题，即机制问题，而协调各部分之间的关系是一种具体的运作方式，体现于课程管理活动之中。因此，为了更好地说明课程管理体制的运行，我们在课程管理体制的论述中加入了课程管理活动的内容。

三、基本概念的界定

1. 高等学校

高等学校指全日制本科高等学校，即学制在四年及以上，可以授予毕业学生学士学位的一类高等学校。本书中使用的高等学校的主体就是大学，且集中关注其中的本科教育层次，本科教育是高等教育的基础，抓住了大学本科教育，也就等于抓住了整个高等教育的命脉。考虑到各国本科教育形式的差异，高等学校除大学之外还涉及能授予本科学位的未冠名"大学"的高等学校，如麻省理工学院、英国的多科技术学院等形式的高等学校。

2. 高校课程

课程是一个使用频繁，但定义很难统一的概念。在国外，课程名称统一，定义却五花八门，早已有百种之多，虽然大家都在使用，也有通用性，却又不能给它以边界清晰的界定。中国由于对苏联教育学的引进，后又逐渐恢复了课程用法，课程与教学内容、学科等混为一谈也就不足为奇。本书中的高校课程指按社会的、学术的和个体的目的提供的有计划、有组织的学习机会。无论存在多少种课程定义，其核心仍然是对值得传授的知识形态的界定，然而高校课程并不只是学科、经验和目标，虽然学科提供了教育的知识核心，学习者获得的是经验，目标对课程计划很重要，但是将课程限定于这三者就限制了课程的定义，阻碍了我们对课程做其他的思考。课程应该是手段与目的相统一，在课程中应突出学生的主动参与，尤其是在高校课程高度专业化和大学学习自主化的特点下更是如此。将高校课程界定为有计划的系列学习机会，就包括了学科课程、经验课程和目标，更为重要的是学习机会可以描绘出学生获得意义的学习情境，这就摆脱了课程与教学、潜在课程等的混淆，而且一切互联网、社团活动在教育意图下都可以纳入高校课程，这样，高校课程就完整有致了。

3. 高校课程管理

课程管理在使用中存在多种相关概念，对它们予以分析不仅可以还它们以本来面目，还可以为学校课程管理概念的界定提供基础。课程运营、课程领导、教学领导一般都见于中小学课本中，是学校内部对课程的管理，指在学校课程开发过程中，对于教学方法、课程设计、课程实施和课程评估提供支持与引导，以帮助教师有效教学和提升学生学习效果，重视校长等领导的角色，使这些要素与有效的学校管理联系在一起。例如，威廉·格林菲尔德主编的书中就把教学管理置于与领导管理学校的各种管理活动和使学校教学工作更加有效的实践活动之中。"curriculum governance"在国外常被称为课程管理，指政府为达到政策目标，对于学习、课程的内容与实施所采取的介入或控制的行政措施，因此称其为课程行政更为确切。综合以上概念，它们的中心都是对课程的控制和影响。基于上述分析，我们将高校课程管理界定为：政府和高校对学校课程目的、内容、程序、教学方法和评估的决定及实际措施，它既包括国家行政对高校课程的控制与影响，又包括高校内部对课程的调节与控制。所以，本文的高校课程管理体制与课程管理活动都涵盖行政调控和学校内部管理两方面的内容。

第二节 国外高校的课程管理体制与课程管理活动

考虑到国家繁多，不能一一列举，本节只介绍具有代表性的、对世界高等教育和对我国高等教育都有重大影响的国外的高校课程管理体制与课程管理活动。

一、美国的高校课程管理体制与课程管理活动

美国是个移民国家，它的高等教育同样也是从移植开始的。美国的高等教育可以溯源于1636年创立的哈佛学院，其形式来源于英国。牛津大学和剑桥大学由一群学院组成，但哈佛学院是由公理会、长老会等独立开办的，创办人员充当管理人员建立董事会，拥有所有权力，而董事会成员既不是学术

人员，也不是政府人员，仅代表"公众利益"。董事会按照自己的意愿把权力委托给校长和教授，而不直接干预学术事务，这就形成了美国特有的由院外人士（董事会）控制学院的管理模式。到19世纪前半叶，这种类型的学院大量建立使得民间资助高等教育的模式得以制度化。在董事会中，企业家已占主导，政府与教会对高校的影响都很小。南北战争为美国资本主义的发展扫清了道路，高等教育得以迅速发展。1802年，西点军校开办。1824年，闰斯利尔多科技术学院建立。之后，多科技术学院与专业学院大量开办，打破了殖民地时期单一的高等教育结构。

1862年，国会通过"莫雷尔赠地法案"，规定各州用土地收益资助，维持学院办学，学院以讲授农业和机械技艺方面的知识为主，兼及其他学科。赠地学院在19世纪末达到69所，成为美国高等教育中一支重要的力量，公立大学确立了自己的地位和结构，也标志着为工农业服务思想的扎根。同期，州立学院也有大发展，它开拓了高等教育为地方服务的新格局，同时确立了"政府与民间机构之间契约神圣不可侵犯"的原则。

美国正式的中央级的高等教育行政部门或组织形成很晚，联邦政府对高等教育的控制比较弱。《莫里尔法案》实施后，联邦政府开始参与资助各州高等教育的发展。1867年，教育办公室成立，主要负责收集信息，形成报告，供国会参考。1953年，教育、卫生、福利部有了教育副部长，但其管理范围并无变化。1979年，联邦教育部正式成立，主要负责实施各项高等教育法案、经费的管理；另一个传统职责是提供高等教育的发展状况。联邦教育部没有直接管理高校的权力，但它可以提出问题，引起注意，并且由于它对高校的资助日渐增多，有权决定资金的投向，对一些自然科学方面学科的发展已有很大影响，总体而言，正在朝着有控制秩序的方向发展。

美国大学中董事、行政人员和教授之间的权力复杂地交织在一起。在院校权力层级中，由董事负最终责任，掌握最后权力，他们通常是院校的合法拥有者或合法经理人。董事会的组织形式是大学将其权力合法化、大众化和自治的通用办法，其他外行人对院校的管理代表公众利益。大学还设有一个行政机构向董事会负责，并掌握着董事会委托的权威、权限和责任。美国大学中有一大批行政人员，他们不是教学人员，但他们掌管招生、人事政策、设施管理、公共关系、校友事务和大学计划，他们不同于教授和学生，是专职行政人员，是处理日常校务的行家。行政人员和董事的权力要比教学人员的权力大得多，行政人员一般不直接干预课程等学术性事务，但是由于他们有人事任命权等权力，会对课程间接影响（不过影响比较小）。校长是大学行政负责人，由董事会任命，拥有强有力的权力。校长是教授们的领袖，是学校任务和目标的掌握者,学校发展的规划者。校长的能力水平关系着大学的办学水平,是校内管理的核心人物。课程、科研活动、招生等具体事务主要由学术副校长与系主任、院长等协商负责。然而,校长对课程的管理也非同小可,尤其是那些杰出的校长,例如,连续几任哈佛校长,埃里奥特推动了自由选修制,洛威尔推行了集中分配选修制,科南特使普通教育(或叫通识教育)风行,博克推出的核心课程都在高校课程史中占有一席之地。

校级还有学术评议会或教授会等机构,体现出"教授治校"的特点,它决定课程计划、学位标准,确定与教师及科研人员的聘任和晋升有关的人事政策等。评议会作为校级组织,往往包括全校的主要部门(院系等),与基层有紧密联系。评议会或教授会设立各种委员会,如"全校必修课委员会""学术规划委员会""教学工作委员会"等,处理各种学术工作。

学院、系在行政上的权力小于学校行政系统,然而它在学术事务上保留了很大的权力,尤其是在人事和课程的具体实施方面。院系是掌握实权的教学专业组织,是"高校课程管理的基本单位"。它负责主修课程的安排,编制符合学校要求的课程和课程系列及研究生课程的组织。教师都有权参与教学计划、课程等事务的决策,院系是相当于社团式的组织,教师之间较为平等。院系主任在课程方面不占主导地位,但是他们对院系内几乎所有事项都有重大影响,他们的权力主要体现在教师的聘任上。

"美国模式综合了受人欢迎的教授控制和院校董事管理与行政控制等形式",其核心的东西是美国分权的传统和自由的市场经济的需求。各高校自主管理课程,故美国高校的课程五花八门,院校间没有雷同。因此,运作的内在相似、课程内容繁杂各异、反映高校自主性的学分制成了美国高校课程管理的最好形式。

二、德国的高校课程管理体制与课程管理活动

德国最早出现的高等教育机构是中世纪大学,它深受意大利和法国中世纪大学的影响。从16世纪开始,德国先后建立了许多邦国,这些邦国开始把教育划归邦国政府管理,并建立了一些属于邦国的、与中世纪大学类似的机构。大学主要培养神职人员和邦国政府的行政管理人员。"现在的德国大学属于州政府管理的做法源于此"。1806年的普法战争使德国陷入割地赔款的屈辱境地,振兴德国的观念深入大众,期间,洪堡和费希特的积极行动起了巨大的推动作用。1808年,普鲁士政府建立了公共教育部,由洪堡任部长。1809年,洪堡创办柏林大学,重振民族精神。洪堡认为大学要适应科学发展需要和摆脱宗教控制,提出"大学自治""大学自由"的口号,要求大学

开展科研。教学与科研在柏林大学统一起来，开始以专业化和经验研究法进行大学教育。柏林大学实行讲座制，由教授控制各专业讲座的教学、人员安排、课程、实验室等，教授占有极大的专业控制权。后来的德国大学纷纷按这种模式办学，使德国科学发展一度处于世界领先水平，柏林大学模式被英国、美国等国家效仿。实质上，柏林大学以后的德国大学管理模式可以诉诸"文化国家观"。洪堡、费希特等设计的文化国家观，并创文化国家高等教育政策的先河，对德国大学影响深远。文化国家观认为国家是文化的体现，大学与国家服从一种共同的理性原则，彼此相互依存。在文化国家中，大学及其科学研究自然享有崇高的地位，因为它的目标和利益也是国家的目标和利益；大学在其科学活动中享有完全的自主地位，根据为科学而科学的原则进行活动；国家则从物质及组织上为这种活动提供服务，并将它视为自身的义务。文化国家观一直是德国政府大学政策的基本出发点。1870年，德国统一以后，虽然普鲁士继续起着一种集权的影响，但德国高等教育仍由各州负责，课程等大学学部事务仍然是教授们的"领地"。

20世纪50年代后期，德国人意识到了本国大学教育与别国的差距，开始从整个国家经济发展和科技发展的角度来考虑高等教育问题。1956年，联邦政府首先以经费介入高等教育的发展。1957年的"科学委员会"是联邦各州在高等教育发展中合作的重要表现。1964年，联邦各州首脑会议通过《关于联邦各州统一学校教育的协议》使联邦政府统一各州教育体制有了法律依据。1969年，宪法修改使联邦政府有了对整个联邦高等教育的立法权，因而有必要在联邦政府建立高等教育管理机构。同年，科学教育部成立。1976年，通过了第一部联邦《高等学校总法》，它对高等教育的课程改革、教学人员、组织管理、招生等有具体规定，同时规定各州在《总法》框架下，制定各州高等教育法律规定。德国高校课程管理形成了联邦、州、高校结合的管理体制，其中高校尤其是教授的权力较英国、美国等国要大，联邦的权力也比英国和美国的大。

高等学校一直对课程等学术事务享有最大的权力，高校中的教授们有最大的决定权。德国高校自柏林大学一直实行"讲座制"，逐渐形成"教学自由""学习自由"的传统。所谓教学自由指学校开什么课程由教授决定；所谓学习自由指学校对学生学习的课程有统一的规定，学生必须通过所学课程的考试才能毕业，但是学习年限无统一规定，由学生自己掌握。讲座制一直是德国大学的核心，讲座由一名教授持有，同时负责研究所，教授负责的讲座（含研究所）是独立的研究和教学单位，有全部必要的人员和设备，起类似美国大学系的作用。主持讲座的教授是讲座的教学、科研、经费和人事等的第一负责人,开设什么样的课程,开展什么样的科研,经费的筹措,以及相关教学和行政人员的聘用等都由教授负责。

相近讲座组成学部,相当于美国大学的学院,其决策机构是部务委员会,教授占了主要的席位,学部主任负责处理日常行政事务,权力很小。部务委员会负责总的课程安排,考试和学位授予事宜,但一般给教授以领导研究所、设置课程和从事科研的自由。部务委员会更注重推荐讲座候选人和教授备选资格获得者,它对讲座候选人的推荐控制甚严,在授予"大学授课资格"时控制也很严,不完全取决于教授的推荐。

大学还设有学术评议会,由学部主任和教授代表组成,对课程和考试等学术性事务有一定权力,但它无学部的教授任命推荐权,权力较学部要小得多。大学校长由评议会推选,且任期较短,权力较小,是象征性的职位。

随着德国高等教育的发展,大学规模的不断扩大,原来的管理体制就必然要进行改革,主要是建立新的基层单位,加强校一级的管理功能和决策的民主化。大学开始设立以专业为基础的系,规模比讲座大,领导机构是系务委员会,由教授、其他教学人员和学生组成。大学校长实行专职校长,任期加长,权限扩大,集传统的国家管理和学术管理于一身。组建校长委员会和校评议会,选举校长和批准学术总章程,对学校日常管理重大问题做出决定。学校的各类组织均要求除教授以外的人员参加决策,教授虽仍享有很大的权利,但不再那么"独占"。由于德国独特的国家控制和学校课程管理制度,一般不实行学分制,而是分成几个学习阶段,一阶段结束后考试合格方能进入下一阶段的学习,最后阶段考试合格才能毕业。

第三节 国内高校课程建设存在的主要问题

精品课程、网络课程和课程群建设作为国家课程建设的主要表现形式,三者存在着密切的联系。精品课程的成果以实现课程资源的网络共享方式来体现,网络课程是以精品课程的评选来展示建设成效,而课程群建设的一个主要目标就是要把群里的一门或若干门课程建设成省级以上的精品课程。因此,精品课程建设作为国家质量工程重点建设的项目,在课程建设中起着导向和示范作用。精品课程的建设水平影响着网络课程、课程群的建设与发展。笔者通过查阅大量的有关这三类课程建设的相关研究材料,对文献中反映出的当前课程建设出现的各种问题进行了分析归纳,着重对精品课程建设存在的主要问题进行了总结。

一、精品课程建设存在的主要问题

1. 尚未建立科学的运行管理机制

完整的精品课程建设是包括计划、实施、反馈、改进的动态过程,是一个评估—建设—再评估—完善的全过程。严格规范的评建机制是精品课程建设的制度保证;有效的激励机制是精品课程建设的强大动力;开放的监督机制是课程建设中教学质量监控与保证体系的重要组成部分。由于缺乏有效的运行管理机制,当前精品课程的建设中存在"重申报评审轻建设维护""重荣誉称号轻共享应用""重突击应付轻长期研发"等现象。

首先,部分高校没有从本质上认识到精品课程建设的目的,缺乏统一的、长远的课程建设规划。他们将精品课程建设当成提升学校形象、扩大学校影响的"形象工程",只是为了评审而建设,为了迎接检查而改进。他们重视课程的立项、申报材料的准备,按照评审要求将教学大纲、教材内容、教案、习题集等的电子稿传送到网上,检查验收时又根据要求紧急添加内容,丰富教学资源,以求顺利通过。首届高等学校教学名师奖获得者,西安交通大学的冯博琴教授在其《高校精品课程建设研究》一文中明确指出,高校中普遍存在着"重申报,轻建设"的现象:课程申报立项之后,普遍投入不足,课程网站的内容基本上还是申报时的内容,教学理念和教学不能做到与时俱进,一些精品课程质量相对下降。张建政、翟玉建等人在《高校精品课程建设与管理模式研究》中也将"精品课程缺乏统一的规划和管理"作为当前各级精品课程建设和管理过程中出现的问题之一;很多学校的精品课程建设工作存在着"为评而建"的现象,精品课程建设没有统一的、长远的规划,缺乏规范的、系统的管理。由于对精品课程的建设、开发、共享缺乏清晰的思路和统筹管理,造成了许多高校的精品课程建设工作出现了无序化建设和重复性建设。

其次,忽视课程建设的过程管理,缺乏监督评价机制。精品课程建设完成,评审合格后,才能真正称得上精品课程,精品课程建设的主要目的是发挥它的示范辐射作用。虽然大部分院校的精品课程立项阶段都有严格的建、审、评的制度和程序,但由于缺乏完整的监督评价和经费保障机制来保证目标建设与过程建设的结合,导致取得精品课程称号以后没有进一步深入课程教学改革和进行精品课程网站的维护与更新,导致课程建设滞后,与精品课程建设的初衷相背离。对课程建设的过程管理是课程建设所有程序中最重要的环节,对课程建设过程进行全过程监督、检查和评估,对已经获得的各级精品课程进行跟踪检查,实行动态管理,可以及时掌握课程建设信息,从而确保建设目标的实现。重点关注建设单位对精品课程相应的激励、评价机制及建设经费落实情况；精品课程的课程教学内容及相关教学资源的年度运行状况及更新情况；教师、学生访问、网上互动及学生评价情况等。检查中存在问题较严重的，限期整改。通过实时的检查评估，保证精品课程建设质量和使用效果。

2. 精品课程资源共享及应用存在不足

积极推进网络教育资源开发和共享平台建设，实现精品课程教学资源的共享，为广大教师和学生提供免费使用的优质教育资源是教育部、省级教育管理部门、各高校开展各级精品课程建设工作的目标。

精品课程建设缺乏统一、全面的标准和规范，资源表现形式单一。各高校按照《国家精品课程教学录像上网技术标准》的要求建立了校级精品课程网络平台，作为精品课程展示以及对外交流的窗口。由于各校采取的资源加工平台各不相同，资源库平台的通用性和兼容性较差，给资源和数据的交换、共享和应用造成了困难。基本上各校精品课程资源都自成体系，无法实现有效的交流和共享，造成了大量重复性的开发工作。比如，视频内容的发布格式没有考虑终端用户的差异性，由于访问者的浏览器版本不同、网络带宽分布不同，造成视频内容显示速度太慢，响应等待时间较长，甚至部分内容根本无法浏览，访问者会因此而放弃，这样就大大降低了资源的可用性，限制了使用效果。点击课程网站查看精品课程的教学资源情况是：大部分网站把精品课程网站建成了精品课程申报的宣传网站，把课程申报材料、课件、视频文件等罗列在网页中。课程资源以演示为主，只能浏览观看图片、动画、音频、视频等形式表现的课程内容，绝大多数课程选择传统、封闭、单向的讲授式教学模式，以单线式的师生交流为主，这使得课程建设者无法利用精品课网站来进行在线答疑辅导、在线考核等师生交互活动，无法通过学习者的反馈了解课程使用情况。

课程资源没有及时更新，使用率低。《教育部办公厅关于 2015 年度国家精品课程申报工作的通知》中明确要求"申报课程在被评为国家精品课程后，需逐年增加授课录像上网。申请人在申请表中需要填写授课录像上网的计划，2 至 3 年内达到全程授课录像上网"。一些院校存在"只评不建"的现象，重视精品课程的立项、申报工作，赶制课件和教案，在精品课程获得立项后，由于各项因素的制约，却不再进行精品课程网站的维护和更新。虽然教育部和各省教育厅相关部门定期对精品课程进行了年度检查，了解课程网络运行和内容更新情况，但是并没有及时公布对精品课程网站建设的检查情况。

3. 评审指标体系有待完善

精品课程是指具有一流教师队伍、一流教学内容、一流教学方法、一流教材、一流教学管理特点的示范性课程。为了量化"五个一流"的具体标准，检测和评审国家精品课程，教育部出台了《国家精品课程评审指标体系》，从精品课程指标体系制定的理论依据、基本思想、评审的主要内容和注意事项、评审方法和计分方式、总分计算等方面对精品课程建设指标体系进行了概括性的理论解释，使评审主体明确评审事宜，并为受评单位提供了评审指南和建设参考。历年《评审指标说明》在多数内容上都没有变化，基本保持稳定，仅在某些评价指标上做了一些变动，这些变化表明国家正在逐步协调各个方面的关系，从而建立更加合理的精品课程指标评价体系。但在具体的操作过程中，在某些方面还有待完善。

（1）评审主体。《国家精品课程建设工作实施办法》说明，"教育部将委托有关机构和专家进行国家精品课程评审"，对教学效果的评价包括"学校举证、审看录像、网上学生评价"；教育部建立"国家精品课程建设评审工作专家库"，要求各地按规定名额推荐专家；"指标体系"中分成同行评价（校内外专家评价）与学生评教（学生评价意见）以及录像资料评审，"申报表"细化为校内同事举证评价、校外专家评价及有关声誉的说明、近三年学生的评价结果、课堂教学录像资料评价。由此可知，教育部要求的评审主体主要是专家库专家、校内同事、校外专家、本校学生、网上学生。当前精品课程的评审主要是由教育主管部门遴选专家通过在线方式进行的，这些专家往往是依据文字材料或授课录像了解评价对象的基本情况，却无法深入了解评价对象的细节和具体的情况，另外还要统筹考虑高校之间的"平衡""照顾"等因素，使得评审的公正性受到质疑。课程接受的对象和对课程品质感受最深的对象——学生却被排除在评价体系之外。如何客观准确地纳入和体现学生的评价和学生的学习效果，确立具体可行的评价标准，是当前高校精品课程建设工作必须首先要关注和思考的问题。

（2）评审内容。当前的评审指标体系有教学队伍、教学内容、教学条件、教学方法与手段等一级指标，及在此基础上提出的多项二级指标。这样的指标虽体现了"精品"课程的一般特征和共性要求，但也制约了不同教学风格和教学个性的形成与发展，影响了评价的准确性和实际效果。现行的指标体系只是笼统地界定了"精品课程"教学指标，然而由于课程性质不同，不同课程反映的指标内容也是大相径庭的。理工农医学科的课程明显在实验课程教学内容、实践教学条件、网络教学环境、信息技术的应用等方面占优势，而文史哲经济管理由于其学科特点,一般没有实验,如果要从实验学时的安排上体现课程的实践性,则文科课程明显存在劣势。因此,必须合理界定指标内容,细化落实各项评价指标。可考虑调整精品课程评审指标体系,向偏重建设状况与应用效果的指标过渡,因为,在公开的网络环境下,只有那些高水平的、有鲜明特色与风格的课程才能得到较高的点击率和访问量。

(3)网上评价平台。目前,国家精品课程还没有建立动态的评价体系,只有为数不多的精品课程为学习者提供了网上评价的平台,并且这种评价都只是提供了对该课程内容和教学效果两方面简单的调查问卷。精品课程普遍缺乏对学习者自身的评价和同伴的评价,尤其是过程性评价,一般都是提供一些在线交互式测验或以普通网页的形式呈现其测验内容。"13.32%的精品课程为学习者提供了考试系统,仅有3.26%的课程为学习者提供了作业提交与管理系统",通过网上评价系统,教师可以即时了解学习者的学习情况和作业完成情况,从而可以对学习者的学习做出相对客观的评价,有助于教师的教学评价和学习者的学习评价。课程建设者通过学习者的反馈了解课程使用情况,为精品课程的改进提供参考依据。

二、网络课程开发重资源设计轻功能应用

目前,大部分网络课程教学内容的呈现方式多为简单的网页呈现形式,将主讲教师的PPT讲稿和讲课录像等授课材料通过专业的软件,如FrontPage、Power-Point、Dreamweaver、Flash、Authorware等开发工具进行网页转换制作。从内容上看,大多是课程讲义的延伸或者是课程大纲条目的罗列,由于我国的网络学院和网校开设的课程齐全,因此课程内容较多注重的是基础性知识的传递,而不是对特色课程教学活动的整体设计,高质量的网络课程较少;从形式上看,教学内容的表现形式多以静态方式展现,缺乏对学生研究性学习环节的设计与组织;从功能上看,基本上都能提供大同小异的课程内容,包括一些学习资源、疑难问题讨论及解答、相关知识介绍等,大多仍旧属于灌输式教学方式,没有为学生提供有利于进行自主学习的课程资源,对于网络学习者来说,他们需要相关知识的电子图书馆式的资源库,而现有的网络课程仅仅是简单列出网址或者根本没有提供相关网络链接;从教学效果上看,网络课程仅仅给学生提供了一些学习资源,没有完全发挥网络课程的优势,网络课程设立的初衷就是为了使课堂教学延伸到课外,为了将更多的教学资源组合优化,改变原有的单一灌输式教学模式,提供加强师生间、同学间、教师间的交流沟通平台。由于网络课程管理模式的限制,笔者登录国

家精品课程资源网站却仅能预览个别章节,无法了解整个网络课程的组织和实施情况。

三、课程群界定不清影响建设效果

目前,由于对课程群概念存在不同的界定,"哪些是课程群,哪些不是课程群"这样一个最基本的问题成为课程群评审的一个技术难题。在人们运用不同的表述方式来界定课程群的各种定义中,除了群内课程规模和群内课程之间性质相关两个基本特征外,难以找到更具体的有操作价值的因素,在课程群界定的合理性、可操作性及整体课程建设效果的考核与评估方面都缺少系统的理论指导。在实际建设工作开展过程中,各校基本上是根据实际情况,按照自己的理解来组建课程群,在课程群建设项目申报、建设和评估等方面存在着很大的盲目性。由于缺乏与单门课程不同的、独立的评审体系,目前课程群的评审基本上是在套用单门优秀课程的评审指标,采用与之相同的立项和验收标准,不能很好地把握课程体系的整合情况及课程群建设的总体情况,由此直接影响了课程群的建设效果。

长期的教学研究与实践表明,在当前高校教育改革、质量工程和教学评估的背景下,要想课程整体水平提高,课程模块优化,最终达到质量工程的要求,实现人才培养质量的提升,还需要一个实践—认识—再实践—再认识的过程。经过近年来的建设和评审,国家课程建设的总体水平得到了普遍提高,精品课程资源已经具有相当规模,但同时在教育教学的实践中也可以发现,精品课程资源的利用、网络课程的建设和课程群的建设并没有达到预期的效果。本节对前期课程建设工作进行适时的总结和理性的反思,从现象层面上概括了当前课程建设取得的成果以及在建设过程中存在的主要问题,为高校教学管理人员在课程建设过程中如何明确课程建设方向与重点,如何完善项目管理制度,提高课程建设工作水平提供一些参考。

课程建设是一项集学术、艺术为一体的现代教育改革工程,它需要在思想上认识课程建设的重要作用、地位和意义,在制度上形成良性机制与有力保障,在管理上应用现代化手段,在理论与实践上进行不断研究,并要得到各项配套工程的支撑,通过课程建设促进师资、教材、管理机制的改革,并最终通过系统优化创新人才培养模式,着眼于学生综合素质的提高,让学生学会思维、学会学习、学会运用和学会创造,从而培养出具有强烈竞争意识和创业精神的高素质人才。

第四节 我国高校课程管理体制的改革与构建

中国高等教育正在从精英教育向大众教育转变，同时随着"入世"，国际化的影响更加强大。为了使高校课程更好地为培养人才服务，满足社会各方面的要求，对于高校课程管理，政府提出了相应的政策，各利益团体也提出了各自的要求，怎样构建一个良好的高校课程管理体制就成为迫切需要解决的问题。下面从中央政府、省和高校三个层面提出我们的改革思考。

一、中央政府对高校课程管理体制的改革

我国自大学创办以来，实行的就是中央统一的课程管理体制，由中央政府对高校课程做统一规定和管理，期间受到日本体制、美国体制和苏联体制的影响，虽然机构、制度有一定的调整，但是课程管理的国家控制没有发生根本性的变化。而且，比较各国课程管理体制中我们也认识到，一种课程管理体制经过改造建立后，会成为本国组织管理文化的一部分，按本国社会和体制的逻辑向前发展。我国地区差异极大，高校课程管理体制的改革需要强有力的政府做支撑，这些都要求我国需继续实行中央统一的课程管理体制。

一方面，高校课程与教学、科研是紧密联系的，过于严密划一的控制会使它们受到损害，妨碍课程的发展与功能的发挥。另一方面，中央政府尤其是教育部不能包揽所有高校事务的管理，这需要庞大的机构、人员和经费，同时过多的规章制度也会造成太多的照章办事，限制管理者的创新能力，使得庞大的组织难以对外界变化做出及时的反应，也难以防止错误的发生。这在企业管理中已有明证：20世纪六七十年代，出现了庞大的企业集团，到20十世纪八九十年代就纷纷解体，因为庞大的企业内部组织难以做到全面满足顾客需要。我们认为，我国课程管理体制在中央政府层面解决存在问题的原则、方法是清楚的，就是分散决策和政策执行的权力，裁减中央的控制机关。中央政府应该主要起决策作用，裁减直接管理、控制高校课程的机构，而增设课程评估机关。国家中央部门主要应做好以下事项。

1. 国家立法

高等教育法律是国家控制学校课程的依据和必要手段，法律一经颁布就具有强制性和稳定性。强制性意味着法律由政府强制执行，使得法律意识得到被管理对象的服从；稳定性指法律一经颁布就具有持久性，法律的稳定性可以制约政府的高校课程管理行为，使高校课程受政府的行政干扰较少。国家不仅要制定出健全的法律，还要不断针对高校课程管理的新问题制定相应的法律。

2. 高校课程管理制度的建立与变更

制度的建立指确定政府、高校及有关机构之间的权力、职责和隶属关系，形成有效运转的体制，更好地实现国家意图和高校课程的目标，从而更好地实现国家的整体利益。制度一经制定不可能一成不变，高等教育的发展必然要求重新分配各部门、各单位、各职务之间的权责，甚至取消一些部门、单位而新建一些机构，通过制度的变更以增加政府、高校的课程效能。政府在高校课程管理制度的建立与变更过程中应发挥主导作用，即政府在将高校课程管理权重新分配，扩大高校自主权，增强政府的宏观调控功能，并形成相应的机构设置，确立相应的规范中承担起主要的调节任务。

3. 提供经费

提供经费是国家控制高校课程最常用的手段。高等教育事业日益扩大，高等教育经费也迅速膨胀，世界各国出现不同程度的高等教育财政危机，给高校带来了比较大的冲击。为使高校功能的正常发挥，政府应该继续承担起提供经费的主要责任，不断增加拨款，同时鼓励资金来源的多样化。政府除提供大量无条件的日常经费外，还可以通过提供一些有特别规定的经费来影响高校课程，如为国家急需学科设立基金、提供特定科研经费、设立重点教学改革项目、重点教材建设项目等。

4. 提供信息、咨询、评估等服务

国家教育部门可以协助支持或从事研究和开发工作，搜集统计资料，将其发现或成果提供给社会大众、教育政策制定者、实际课程工作者和高校，使高校课程管理工作做得更好。政府有人员的优势，可以在具体领域做出引导，主要是办学方向的确定和办学水平的评估。由国家组织有关社会组织对高校课程进行评估，健全评估体系，或者对高校课程管理提出要求、建议和展望，发挥其支持、认同的作用，这些组织都可以逐步转化成民间性专业协调机构。

二、省、直辖市对高校课程管理体制的改革

我国高等教育体制改革的明确趋势是实行中央与省两级管理，中央主要负责大政方针、宏观规划和监督检查；对地方所属高校的具体政策、制度、计划的制定和实施以及对学校的领导和管理，责任和权力均交给地方，进一步加强省、自治区、直辖市对设在本区的国务院各部门所属高等学校的协调作用。然而，实际中，省对高校课程等业务的管理处于尴尬境地，省级政府对高校课程几乎不产生影响，更谈不上发挥省级课程管理作用，也没有专门

人员负责课程等业务管理。

省级高校课程管理是实现中央简政放权，院校地方化和大众化，是高等教育课程管理的重要力量。我们认为，要完善高校课程的省级管理体制应该做到以下几点。

第一，建立、健全省级课程管理法规。省级高校课程管理权限必须有法律依据才能得到保障，同时，通过法律规定也明确了省级课程管理的权限。

第二，省要改变过去的以单一的行政手段干预高校课程的方式，综合运用统筹规划、政策引导、拨款控制、信息服务、执法监督、检查评估等多种手段，实现课程宏观管理的目标。

第三，完善省级课程管理决策系统。首先，成立由政府人员、学校管理人员和有关专家组成的高校课程管理的协调机构，对省高校课程管理政策等问题进行审议。其次，成立以专家为主的教学质量评估组织，对高校课程实施质量进行监督。最后，省教育厅高教处应在处理高校课程、教学等业务方面安排人员，由他们结合前两个组织及省政府的领导，承担起课程管理的业务职责，结束有名无实的放任状态。当然，他们对课程的管理也是以宏观为主。

三、学校内部的课程管理体制改革

高校课程管理就内部机构设置而言，校、教务处、院系三级机构比较合理，这三级机构主要是行政管理机构，作为完善的校内课程管理体制还应该设立负责审议、咨询或决策的专业性机构和团体，后者在我国高校内部的课程管理体制中是相对缺乏的，需要建设的是校内课程管理的监督、审议机构。目前的高校学术委员会虽对专业的设置具有审核的权力，但难以承担起对课程的监督职责，应该在校学术委员会之下设立各专业的教学委员会，结合院系的学术委员会和教研室，吸收更多的专业教师对课程的开发和实施一系列过程进行评议、调节和建议。

高校课程管理机构虽比较完善，但由于一直以服从中央的安排为主，高校课程管理的主动性不大；高校内部长期的按统一步调行事，教师的主动性也没有得到发挥。《高等教育法》已明确规定"高等学校依法自主设置和调整学科专业""根据教学需要，自主制定教学计划，选编教材，组织实施教学活动"。因此，高校必须对课程实施主动的管理，否则失去国家依靠，自身又无力管理调节课程，高校课程会陷入混乱，从而使高校办学水平降低，以至无法维持。作为领导层的校级和教务处主要的任务是做好课程的决策和对院系级课程方案实施的审批、监督、规划职责，应将具体的课程内容、专业课目设置、学时安排等课程事项交给院、系、教师处理，既然院系是校内专业思想和专业知识的汇集之处，那么就应该允许它们有更多的决策权。就某种程度来讲，这一逻辑也表明院系中的专业教师和专业管理人员由于具有专业知识并与周围环境和学生有着直接关系，因此应该拥有对具体课程事项的更大影响力，即教师在决定教什么，怎样教和教什么人方面具有更大的自主权。

高校课程管理体制应该调整课程决定的权力结构，赋予高校教师更多的课程自主权力和责任。所有的课程计划或开发都应给教师充分的参与机会，从课程的最初计划到最后课程的产出的整个过程，教师是参与的伙伴，教师的观点、建议应得到妥善采纳和处理，并在课程中体现出来。行政人员要改变控制一切的心态，鼓励教师控制教学过程，即在高校课程的编制、实施和评估反馈的循环中，扩大教师专业能力对课程的管理。

高校课程管理还有一个不可忽视的群体——学生，学生在课程等学术性事务中不占主导地位，但对课程的形式、时间安排和某些课程的设置有很大的影响，学生也是课程评价反馈的重要力量。因此，应给学生更多的专业和课程的选择权，实行比较完全的学分制，使课程形式更加灵活，以适应和满足不同学生的需求。同时，应通过教务处、院系积极吸取学生对课程的要求、评价等反馈意见，使课程得以更好地改进。

第七章
高校教育课程考试管理创新

第一节 高校课程考试管理概述

考试的概念有广义和狭义之分，本章中的"考试"是狭义的考试，即由主试者根据一定的社会要求，在一定的场所，采取一定的方式方法，选择适当的内容，对应试者的德、学、才、识、体诸方面或某方面所进行的有组织、有目的地测度或甄别活动。因其性质、目的、内容、方法、手段的不同，考试可分为众多类型，如根据目的的不同，考试可以分为配置性考试、形成性考试、总结性考试和选拔性考试，课程考试就包含了其中的形成性考试和总结性考试。形成性考试是在教学过程中进行的各种测试，主要目的是了解教学效果，及时发现教学过程中存在的问题，以便改进，并为平时成绩的评定提供依据。总结性考试是在课程结束后进行的，主要目的是督促学生全面系统地复习，并对学生的学习效果和教师的教学效果做出评价。

高校课程考试是指高校内部根据课程教学目标的要求和高校教育目标的具体规定，自行主持实施的考试活动，包括平时测评和学期考试。其基本任务是检测学生的学习成绩，督促学生学习，发现教学中存在的问题。其目的在于掌握高校的教学情况，改进教学和督促高校教育目标的实现。其功能可归结为下述五种：第一，检查测评功能，即检查和评定学生对课程大纲所规定的基本知识、基本原理的掌握程度。考评和检测学生运用所学的基础理论在实践过程中分析问题、解决问题的能力、创造力和潜力。第二，导向功能，即发挥"指挥棒"作用。通过对考试内容、考试形式的合理安排，引导学生正确学习，使学生达到预定的培养目标；通过严密的考试规程，考试结果的客观评价和公正使用，能培养受教育者务实求真、遵规守纪、崇尚科学的习惯，增强行为主体的责任感、公德意识。第三，激励功能。考试作为一种检察学生学习效果的手段有着反馈作用，而反馈结果又对学生起着激励作用，考试结果可以反映学生的知识掌握程度和能力发展情况，以及所存在的问题。此外，考试作为一种检查教学成果的手段，对教师有着激励作用。考试结果反映了学生的学习情况,而学习情况又反映了教师的教学投入、教学内容、教学方法和总体教学水平,教师可通过考试结果总结发现自身的薄弱环节。第四,鉴定功能。教育管理部门通过对考试结果的分析、认可后,依据有关规定,对学生、教师和教学管理人员进行鉴别,以区别优劣,进行奖赏。第五,系统整合功能。由于学生平时学习时节奏较慢,各知识之间难以做到全面领会,而考试来临之际,学生已完整地学过一门课程理论,他们可以将所学的基本知识和基本技能进行系统、全面地归纳、整理,进一步地将各部分所学的内容有机地联系起来,以达到融会贯通。学生的归纳综合能力、思维能力、创造能力和自悟能力在这一过程中可以得到全面系统的综合发展。考试功效的实现是需要一定条件的,离开了一定的条件,考试功效非但不能实现,甚至还会严重地扭曲。那么,这一定的条件是什么呢?它就是量尺标准、实施规范、结果真实和使用公正,其中任何一方面出现偏误,都将影响考试功效的正常发挥,而这些条件的创设,就必须依靠严密科学的考试管理。

考试管理是以考试活动为对象,以提高考试活动效率、实现考试活动预期目标为目的的专门性的管理活动。高校课程考试管理则是以高校课程考试为对象,以提高考试活动效率,检测教师课堂教学质量,发现教学中存在的问题,充分评估学生的学习效果和学习创造能力为目的的管理活动。严密科学的考试管理具有以下功能。

1. 维护考试的权威

现代社会中的各种考试都有其特定的目的,正因为如此,无论什么考试,其程序、内容、方法一旦确定,不管是对于考试的组织者还是对于考试的参加者,都必须受到考纪考规的约束,而通过考试所获得的结果,都有法定的或公认的功用和社会价值,这就是考试的权威。任何一种权威的建立和维护,都离不开一定的条件,那么,建立和维护考试权威的条件是什么?它就是考试的各种规章制度,它是对考试活动全过程的管理。考试管理是保证考试预期目标能够得以实现的条件,即对一切有可能影响、阻碍考试预期目标实现的行为予以劝告、制止直至强行控制的活动。科学而有效的考试管理可以保证考试活动能在公平、公正的环境中进行,加上考试结果的采用同样公平、公正,就会获得学生对课程考试的认可,并积极地参与考试且自觉地维护考试的规章制度。

2. 实现考试的功效

任何社会活动功效的实现都离不开一定的条件,考试活动不但是一种社会活动,而且是一种特殊的社会活动,只有具备了一定的条件,考试功效才能实现，而这些条件的创设，是必须依靠严密科学的考试管理，把考试活动的全过程置于有效的控制之中。同时，这种控制必须是全方位的。所谓全方位，是指考试活动全过程的每一个方面和每一个环节都必须有严密的控制措施。从考试的各个环节来看，无论哪个环节出现问题，都会给考试的功能造成危害。考试成绩的失真，不能发挥其检查教学效果的作用，不能使学生比较真实地了解自身在科学文化知识，以及技能等方面的优势与劣势。施测前后出现的问题，如考场设置、考试质量分析等，有时看上去是小事，但如不及时纠正，任其发展，对勤奋学习者是压抑，对投机取巧者是一种放纵，从而不能实现考试功效。

3. 树立踏实进取的学风

所谓学风，即治学之风尚，立校之根本，它是靠广大师生员工在科学研究、思想教育、行政管理和后勤服务等工作中共同努力建立起来的一种治学态度。因此，学风问题是高校工作中的一项重要的基础建设，是学校教育中一个不可忽视的问题。首先，良好的考风和学风具有很强的感染作用。学风是一种精神力量，它可以被感知、效仿、传播和宣传，从而形成强大的心理影响力和群体舆论，感染并熏陶每一位师生，而且对不适应者形成压力，使个体行为逐步适应群体行为。其次，良好的学风具有激励作用和良好的导向作用。多数学生的良好学风对少数学生的不良学风是一种示范和鞭策，促使具有不良学风的学生转向接受这种行为准则。同时，当坚持良好学风的个人受到学校的表彰时，学生会因之受到很大鼓舞，甚至将这种学风内在化，成为个人治学和成才的座右铭及行为准则。相关研究者认为："一个学校有严格而合理的考试制度，是提高教学质量、形成一个良好的学风的重要条件。"严密科学的考试管理可以帮助学生形成正确的是非观，是非观是人们思想道德和行为的基础。如果在考试管理中法纪严明，不仅可防止或减少违法、违纪现象的发生，还会引导学生对考纪考规的重要性、严肃性形成正确、明晰的认识，强化执法、守法观念，逐步养成遵纪守法的习惯，增强法律意识，它有利于消除投机取巧的病态心理，树立踏实进取的学风。可见，严格考试管理是促进学风建设的一个重要环节。

第二节　高校课程考试管理存在的问题及原因分析

改革开放以来,国家一贯注重高校的考试管理,先后颁发了一系列专门的文件规程,如 1912 年 10 月 25 日,相关部门发布第 18 号令和第 19 号令,公布《学生操行成绩考查规程》和《学生学业成绩考察规程》;1929 年 8 月 14 日,颁行《大学规程》;1950 年 8 月 14 日,中华人民共和国教育部颁布《高等学校暂行规程》《专科学校暂行规程》;1954 年 7 月 9 日,教育部《关于颁布高等学校课程考试与考查规程及施行中应注意的事项的几点指示》;1983 年 1 月 20 日,《全日制普通高等学校学生学籍管理办法》;2003 年 12 月,教育部办公厅发出的《关于采取切实有效措施坚决刹住高等学校考试作弊现象的紧急通知》等。针对考试管理和组织中出现了很多新情况、新问题,高科技、团伙作弊行为日益猖獗,影响恶劣,部分条款规定已经难于完全适应实践的需要,有必要进行修订。从 2010 年起,教育部就开始组织力量对《国家教育考试违规处理办法》进行修订,经过广泛征求意见和多次研究讨论,形成了《教育部关于修改〈国家教育考试违规处理办法〉的决定》,并经部长办公会议审议通过,于 2012 年 1 月 5 日以教育部令第 33 号发布,自 2012 年 4 月 1 日起施行。考试管理系统是由观念、计划、目标、机构、人员、技术等多种因素组成的综合性的动态系统,其影响的因素较多,但仅仅有考纪考规是难以保证考试管理的科学性的。

一、当前高校课程考试管理中存在的问题

1. 对高校课程考试目的、功能认识得不全面及考试管理过程失衡

课程考试是高校教学中的一个重要环节,它作为教育评价的一个重要工具,在教学过程中具有检查评价、教育激励、反馈调控等功能,其作用是不可忽视的。课程考试的基本功能是教育评价,其初衷是作为判断能力的评价标准。然而,从深层意义来看,当今高校课程考试功能已远远超出了单一的评价功能,它通过限制教学内容、限定学习方法既决定了受教育者的思维方式,又决定了他们理解外界的认知方式。也就是说,考试已经通过其固有的考试形式、考试的评分标准而限定了受教育者的知识结构和思维方式,从而固化了受教育者的知识类型。高校的学生们考虑最多的不是如何有效地掌握知识,而是如何有效地通过考试。用考试成绩评价学生,过分地扩大了课程考试的评价功能,严重地淡化了其督促和引导功能。考试管理是过程管理,包括了命题、审题、施测、评价、反馈等各个环节,任何一个环节的不重视都

将影响考试功效的正常发挥。有的学校把考试管理的重点放在考场的管理和考试成绩的管理上，而对教师的命题、阅卷和考试结果的分析处理则缺乏要求或要求放松。例如，考试结束后，很多学生认为这门课程学习也随着考试的通过而结束了，对学生的学习起不到一定的促进作用，特别是期末考试，面临寒暑假，多数教师只是把分数整理出来，有的教师即使做了试卷分析，也只是统计及格率、排分数段。

2. 考试设计环节不科学

考试设计是考试工作的首要环节，考试设计包括制订考试计划、规定考试目标、确定考试内容和考试标准、选择考试方法、考试题型和考试命题等方面的工作。高校课程考试设计环节中存在的主要问题表现在以下几个方面。

（1）考试内容片面。考试的内容十分重要，因为它直接影响到学生的学习方法和学习态度。如果考试内容着重于零星事实和条文公式的复述，就一定会养成学生死记硬背忽视理解的教条主义的学习习惯；如果教师出题目专从教材中不重要或生僻的部分着眼，就自然容易养成学生碰机会、靠运气，猜题目等种种消极的学习态度。高校课程考试大多偏重对知识记忆的考察，局限于教材、课堂笔记、教师划定的范围和指定的重点，缺乏对学生创新能力和综合能力的评价，形成"上课记笔记，考试背笔记，考后全忘记，学完全忘记"的教育模式。

（2）考试形式单一。考试形式是一种在直接意义上指向课程目标并间接指向人才培养目标的教学活动方式之一，它是教育教学目标、课程与考试之间的"应然"关系。科学合理的考试形式有利于教育目的的实现和学生综合素质的发展；单一或不恰当的考试形式妨碍学校教育事业的发展和学生创新精神与实践能力的培养，这就要求我们在特定教育教学目标和具体课程目标的视野下，理解、思考与设计考试方式。考试的形式要因课程性质而异，多种考核结合，尽量避免采用单一的期末考试的考核方式。实验性较强的课程应采用理论与实验相结合的方式，计算机类的课程可增加网络在线考试，艺术类的课程可以实践为主。将平时的口试、测验、作业以及期末的论文或笔试等成绩综合起来，这对于投机学习者来说是一种牵制。当前，高校的考试形式仍以闭卷笔试为主，而且往往只有期末考试一种形式；考试内容大多局限于考核学生对知识的掌握程度，而缺乏对技能、素质的考核手段，不能完全反映学生分析问题和解决问题的能力。缺少平时的过程考核，一是会使教学过程疏于控制，部分基础较好的学生觉得只要通过了最后的考试就行，对课堂学习不重视，结果导致恶性循环，既不利于学生掌握知识，也不利于教学秩序的维持；二是给一些基础较差的学生带来较大的考试压力，期末考试成绩差强人意，不少需要补考或重修，这也是不少学生要铤而走险作弊的原因之一。

（3）考试命题模式不合理。从平时课堂教学到课后辅导，从考前复习到命题制卷，再到监考、阅卷等各个环节都由一人负责，教什么和考什么主要由教师决定，同时许多教师缺乏测量方面的理论素养，任课教师在命题时并未严格按照教学大纲来确定考试目标而仅是依靠自己的理解来命题，随意性较大。

3. 考风涣散，考试作弊行为屡禁不止

考试作弊现象的存在导致考试的功能难以正常发挥，学校无法客观评价学生的学习成绩与教师的教学效果，也不能获得准确可靠的信息反馈，同时，它也背离了教学规律和考试目标，破坏正常的教学秩序，影响教学质量的提高，影响学校良好学风和校风的形成，最终无法实现考试公平、公正，不利于健全人格的养成，影响人才培养的质量。

4. 考试质量分析流于形式，忽视反馈

考试质量分析与评价既是现代考试流程中的基本步骤，又是促使考试走向科学化的必要措施。在现代考试管理中，加强考试质量的科学分析，对于提高考试管理工作的水平和质量具有十分重要的意义。考试质量分析通常分为两个部分：试卷质量分析和学生成绩分析。试卷质量分析是学生成绩分析的基础，只有试卷的各项指标基本符合教学大纲的要求，学生成绩分析的结果才能准确、有效地反映学生掌握知识的程度和实践能力的水平，才能准确地反映教师教学的效果和存在的问题。目前，多数高校均开展了试卷分析工作，但因各种原因，多数流于形式。学校大规模的课程考试结束后，多数教师阅完试卷把成绩送交给教务部门就标志着期末考试活动的终结。有的教师即使做了试卷分析，也只是简单地进行了及格率、优秀率、各分数段人数分布的统计，真正组织教研室教师坐下来，认真地、科学地分析试卷，分析考试的难度、信度、效度和区分度的比较少，因而，考试对教学的诊断和反馈功能难以发挥。控制论的创始人维纳曾说过："一个有效的行为必须通过某种反馈过程来取得信息，从而了解目的是否已经达到。"考试是一个阶段教与学的结束，同时又是另一个阶段同一工作的开始，如何避免在下一阶段同一工作中出现上一阶段相同或类似的问题，这就需要信息的反馈。考试的信息反馈对于学生来说可以拾遗补阙，端正学习态度；对于教师来说，可帮助其制定并完善新的教学计划，选择更有效的教学方法等。笔者在调查中发现，

即便是上述十分简单的试卷分析信息，除用于教师课程教学质量的分析与总结外，最多反馈到课程组一级，试卷分析表便作为教学档案存入所在院系束之高阁，没有对试卷分析表进行中观层面的汇总、分析和反馈，使得很多对教学管理和质量考核有价值的信息得不到充分的利用，也难以通过试卷分析达到教学质量监控与激励的作用。

5. 补考不严肃

补考同样是一项严肃而又认真的工作，如果我们不严格把好补考关，必然会给某些同学产生补考容易过关的错误想法，使那些平时不认真学习，估计考试不能及格的学生考前便以病为名或编造其他理由申请缓考，把希望寄托在补考之上。教师在命题时原则上一般是同时命好难易程度相同的 A、B 卷，由教研室主任或主管教学的系主任抽取期末考试试卷，另一套自然就是补考试卷，这是比较规范的操作方法。但教师在命题上，存在两套试卷有雷同的试题，即使不一样的题也是属于同一内容的同一题型。所以，有学生进考场是为了看一下试题，认为参加补考通过的把握要大一些。有些教师在期末考试试卷的基础上稍做修改就形成了补考试卷，还有些教师干脆就把期末考试试卷作为补考试卷，使得补考显得极不严肃，给不喜欢学习的学生造成了可乘之机。同时，在补考试卷的评分上，有些教师有故意放松的思想，认为学生基础差，理应降低评分标准，更有教师连试卷都不看，就随便给了及格的分数。

二、高校考试管理问题的原因分析

高校课程考试管理存在问题的原因是多方面的，既有体制与观念的，也有具体操作层面的。

1. 对高校课程考试在人才培养中的重要性认识不足

游正伦在《教学论》一书中指出，考试"对学生来说，鼓舞学习，督促复习；对教师来说，检查教学，了解效果，改进教学，总结经验；对学校及上级教育机关来说，了解教师教学情况、教学工作问题，改进领导；对国家来说，是选拔人才，择优的手段"。然而就目前的情况看，高校中的考试只是教师教学任务完成的标志，是学生课程学习结束获得分数的手段和学校各方面领导与工作人员忙碌的时间段，此外，在大多数高校中，似乎没人想到考试还有什么意义与作用。长期以来，"教师为考试而教，学生为考试而学的观念"使考试成为一种获得某种利益的工具，而不是了解教学效果和教学质量整体水平的手段、途径与方法。考试观念不转变就难以做到对教学工作中存在的问题心中有数，学校教学质量的提高进程也就缓慢，不利于学生素质的提高，而且，课程考试认识的局限性对于考试内容、考试形式的选择也有较大的影响。

2. 教考合一的弊端

所谓教考合一，是指课程教学和考核评估由任课教师一人承担。在某些特定的情况下，如教师学术水平高，教学能力强，事业心与责任感强等，教考合一能充分发挥教师的特长，展现教学内容和方法的多样性，体现知识和思维方式的互补性，激发师生的创造性。但就目前多数高校的现状而言，教考合一弊大于利。

（1）不利于强化教学大纲的核心地位。课程教学大纲是组织课程实施的唯一依据，教学大纲执行的好坏直接影响着教学质量。在教考合一的制度下，教师的授课行为很少受教学大纲约束，往往是教师教什么考试就考什么；感兴趣的地方可以多讲，不感兴趣的地方可以少讲或不讲；不追求时间效率，不管教学任务，讲多少是多少；命题时往往随兴而发，全然不依靠教学大纲和命题原则，题量、题型、知识的覆盖面以及试题的难度、效度、区分度随意性很大，致使命题的结构不科学、不合理，考试的信度很差，以致教学大纲难于贯彻，教学质量难以保证。

（2）不利于建立合理的约束机制。在教考合一的情况下，考试成绩的优劣难以反映教学的质量，约束教师工作行为的条件是教师本人的自觉性，监督机制显得软弱无力。这很容易使教师增长惰性，从而降低对自身的严格要求，使得"上课时重数量不重质量，讲课时重兴趣不重大纲，命题时重分数不重能力，阅卷时重人情不重原则"等现象的发生。教师在考前划范围，暗示或明示重点，并在自己命题、评卷的过程中进行掩盖，严重影响着教学质量。

（3）不利于调动学生的学习积极性。在"教考合一"的情况下，常常出现大部分学生平时听课不用功，抄袭作业，考前集体要求教师复习、划定范围或降低考题难度的现象，也出现个别教师评卷送"人情分"的现象。由于考分对学生升级、评优、入党乃至就业直接相关，一些平时努力程度不够的学生，就会为了好的分数和成绩转而求助于任课教师，从而导致考试成绩失去了应有的客观性、严肃性，滋长了学生懒惰、投机的心理。

（4）不利于建立诚信、公平原则。高校是学生获取知识、发展能力的场所，也是培养学生树立正确的人生观、价值观的圣地。学生思想政治品德的修养，价值观念的形成，不仅来源于课堂中的所教所学，更重要的是来源于身边的人和事的影响。在"教考合一"制度下滋生的送"人情分"等现象，与思想政治品德课程所讲的人生准则背道而驰,使学生感到课堂内外不一,学校言行不一,从而滋长了学生的投机心理,影响他们形成正确的人生观和价值观,给社会造成极大的隐患。

3. 对命题缺乏科学、规范的管理

命题管理的本质,就是根据既定的考试标准,按照一定的程序和规范对命题进行有效控制,从而促使命题活动朝着预定的命题目标进行的一个过程。命题管理的主要任务是对考试标准的掌握、实施以及考后的评估、反馈及修正。命题管理具有承上启下的作用,是整个考试管理的核心内容之一,也是考试功能有效发挥的必备前提。正确认识命题管理的地位和作用,是命题管理有效实现的先决条件,是实现命题管理规范化、科学化、现代化的必备前提。然而笔者在调查中发现,目前我国高校在课程考试命题管理方面认识不足,具体表现为部分高校重点制定了课程考试命题的管理办法,但未能认真贯彻实施,形同虚设;部分高校至今对此无统一、规范的要求;近七、八年新办的大批民办高校和公办高校的独立学院,课程考试的命题管理甚至未提上议事日程。在考试题型方面,大多数课程的考试多为填空、简答、名词解释、选择题等可以简单作答的题。在考试内容上,大多数课程的考试拘泥于教材,偏重于知识的考察,忽视能力及创造性的考核,理论题多,实操题少;记忆性题多,灵活性题少。

4. 考场管理的不严密

考场管理是考试工作最直接、最重要的环节。首先,考场纪律如何,监考是关键。目前,几乎所有高校都有一整套的考试管理制度,如《考场规则》《监考职责》《违纪考生处罚条例》等,然而在具体的执行过程中却存在着漏洞,使作弊者有机可乘,主要体现在考场管理松懈和监考员的纵容。有些监考员没有严格按照有关规定的程序办事,不认真履行监考员职责,给伺机作弊的学生提供了方便;有的监考员抓住作弊学生后,担心作弊处分影响学生前途,不及时上报,使作弊的学生得不到应有的惩罚;有的监考员干脆对作弊行为睁一只眼闭一只眼,没有很好地维持考场纪律,姑息纵容了作弊行为;还有的监考人员监督管理尺度不一,有的严有的松,或时严时松,导致考场不公,从而造成学生心态不平衡,致使原来不打算作弊的学生也蠢蠢欲动。此外,作弊手段花样不断翻新,欺骗性、隐蔽性、技术性越来越强,使监考员有时难以发现,这也在一定程度上助长了学生的作弊行为。其次,对于违纪处理缺乏规范性。这主要表现在两个方面,一是制度上有漏洞。目前高校的考试管理制度虽然涉及考试的方方面面,但对于考试违纪处理当中出现的

有关争议却没有明文规定，由于态度粗暴，方法简单，取证不足等原因，往往导致当事人和教育管理人员之间的矛盾激化。近年来，学生因学校违纪处理不当而将学校告上法庭的新闻常见诸报端，依法治考的呼声也越来越高。二是执行上有分歧。表现在上下级单位关于考试舞弊的处理中存在矛盾，学校要求严，二级学院则有偏袒之心，在调查取证过程中有从轻从宽的现象。此外，高等学校的考试基本上以一个班为一考场，考试时的座位通常就是随机的，相邻同学都是熟悉的，加上座位靠得近，前后左右无法隔开，不合理的考场编排往往给学生作弊以可乘之机。

5. 忽视阅卷管理

阅卷是考试工作的一个重要环节。阅卷工作质量如何会直接影响考试的信度、声誉，所以，阅卷的组织管理工作是十分重要的。当前高校普遍存在着对阅卷管理环节不够重视的现象，部分课程考试结束后，试卷往往由任课教师拿到家中评阅，集中阅卷也多半流于形式，学校缺少必要的监督与管理，"人情分"现象严重从而助长了一些学生的侥幸心理和不良风气，影响了教学质量与学风。

6. 没有科学健全的评价与反馈体系

要发挥课程促进教与学的功能，高校必须建立并保持对课程考试进行评价与信息反馈的考试体系与机制。我国高校多数尚未形成这种体系与机制，少数高校虽已建立了这种体系，也很少认真地付诸实施。"学生评教"是我国高校目前广泛实施的方法之一，这种方法本身并不缺乏积极意义，但在实际评价过程中，多数学生是以教师所授课程考试的难易程度作为主要的评价标准，而学校又将这种评价视为教师教学好坏的主要依据（有些高校甚至将其作为教师去留的唯一标准），于是，教师为了获得学生好的高的评价，在课程考试时便出现了前面已列举的种种情况。最后，学校对课程考试中从命题、实施到评卷缺乏科学有效的监督，也是没有科学健全的评价与反馈机制体系的表现。

7. 缺乏科学的考试理论，尤其是课程考试理论的指导

考试和考试管理只有在专门的理论指导下，才可能充分发挥其功能。我国高校目前的情况是，绝大多数考试管理人员和教师缺乏这方面的理论修养和训练，绝大多数高校也对这方面的研究不够重视，因此，课程考试及其管理多停滞在经验阶段，即凭经验办考试，凭经验管考试。

8. 对"课程考试及管理"是一项系统工程缺乏认识。

高校课程考试涉及教师的"教"、学生的"学"和学校的"管",而且环节多,流程长。因此,它是一项复杂的系统工程,往往须举全校之力才能办好。然而,我国绝大多数高校一般认为,考试只是教务部门的事,教师的事。正是基于这种认识,致使高校至今对课程考试及管理研究的投入少,从而导致课程考试及管理十年、二十年"一贯制",课程考试中出现和存在的问题长期得不到解决。

除上述原因外,目前高校办校中存在的功利主义、浮躁作风和市场经济的冲击,对高校课程考试管理也不无影响,由于这些作用具有一定程度的间接性,故不一一赘述。

第三节 高校课程考试遵循的原则和运行条件探讨

一、高校课程考试应遵循的基本原则

课程考试是教学过程中十分重要的环节,它不仅要完成对学生在经历一个教学过程后学习情况的评价任务,而且还要检查教师的教学效果与水平,诊断教学中存在的问题,反馈教与学过程中的各种信息,进而发挥促进教学改革的作用,它所特有的检察测评、导向、激励、鉴定和系统整合五大功能是其他教学环节所不能替代的。高校课程考试必须适应社会发展的需要,必须适应被考者的身心发展水平,必须有利于促进和客观评价学生综合运用所学知识解决实际问题的能力,必须有利于提高教师教学水平,以保证不断提高人才培养的质量。考试原则是从事考试活动、处理各种考试问题、规范考试行为所必须遵循的基本原则。美国高等教育学会对高校考试设定了九条原则:①考试应以教育价值为出发点;②考试的成效体现在如何尽可能地把学习的多维性、综合性和实用性反映出来;③考试要关注结果,但同时也要关注产生结果的过程;④考试只有在其力求改进的项目上有清晰、明确的目的时才能最好地发挥作用;⑤考试只有在持续而一贯的体系下才能最好地发挥作用;⑥考试只有在来自教育界人士广泛参与的情况下才能获得更广泛实质的改进效果;⑦考试只有以人们真正关心的问题或需要为出发点并阐明问题才有作用;⑧当考试成为促进教育改革大环境下的组成要件时,它可能引发教育变革;⑨通过考试,教育者向学生和公众尽责。笔者认为,这"九条原则"的基本精神对于我国高校的课程考试也是适用的。

课程考试管理是一项基本的教学管理,是保证考试的公正性与客观性,

正确发挥考试功效，促进教学工作的关键环节之一。考试管理质量直接关系教风、学风的建设和教学质量的提高，是衡量学校办学水平、管理水平的重要标志。加强高校课程考试管理应遵循以下原则。

1. 方向性原则

考试管理是管理者根据既定考试目标要求，运用适当的程序、方法、手段及行为规范，合理调配人力、财力、物力、信息等资源，对考试活动实行有效控制，以实现共同目标的一种社会活动过程。考试管理既因一定管理目标的需求而启动，又以实现预定目标为归宿，其管理过程的产生与形成均以一定的管理目标为先决条件，而目标本身又要体现出一定的方向；目标的正确与否要以所引导的方向是否正确作为衡量的标准。因此，科学的考试管理必须坚持方向性原则。

2. 科学性原则

科学性原则是指运用现代管理理论、教育测量与评价理论、教育管理理论、心理学理论等作为充分的科学依据，使考试管理活动具有可靠性、可信度，并采用科学的考试管理方法、成熟的管理经验，使考试管理活动行之有效，以利于实现预期的管理目标。

3. 公正原则

考试管理公正与否，关系到考试的权威性，反映的是校风考风的建设程度，而且，考试直接关系到被试者的切身利益，直接影响被试者的心理，影响着个体对社会的态度。因此，我们要积极地创造条件使考试尽量接近公正。

4. 系统原则

系统是指由相互联系、相互作用的若干组成部分构成的有机整体，这个整体具有其各个组成部分所没有的新的性质和功能，并和一定的环境发生交互作用。考试管理是一项系统工程，它包括教学管理工作、思想政治工作、后勤保障工作等方面，涉及教学系部、学生处、党团组织、总务、保卫等部门，教学管理部门要妥善安排，使考试工作井然有序地进行。

二、高校课程考试管理运行条件的探讨

考试管理，其目的在于维护考试的标准规范，维持考试实际运作与计划方案相一致，使考试沿着预先设定的轨道运行，同时对不切实际的计划予以及时调整，纠正运行过程中出现的偏差，矫正反馈信息中不确切的数据或结论，保证考试结果的真实性，并从中分析成功与失败的原因，探明修正的途

径，通过反馈给新的考试运行提供理论及实践的依据。将考试目的从观念形态转化为现实形态，高校课程考试管理的正常运转应具备以下条件。

1. 健全的考试组织机构

若无健全的考试组织机构，自然也就谈不上深入开展考试实践中相关问题的研究，要不断更新、完善考试的理论，用以指导新的考试实践，进而强化考试并主动适应社会发展需求的能力，使之正确发挥其功能。考试组织是考试队伍的依附体，考试组织不健全，就不可能形成稳定的专业考试队伍，整个考试的设计、实施与管理必然是临时拼凑，量尺标准、实施规范、结果真实的施考目标就难以企及。

2. 素质优良的考试管理队伍

一切先进的控制技术设备，各类考试行为规范，各项工作标准都有赖于高素质的控制者通过对人的有效控制充分发挥其作用，进而给考试运行以积极的影响。培养和造就一支高素质的考试管理队伍是保证考试质量，提高考试效率和效益的需要。参考考试管理系统的运行环节，考试管理队伍可以划分为考试行政队伍、考试业务队伍、考试科研队伍三类。

考试行政队伍是考试队伍中常规性的人员配置组合，它包括学校、职能部门及教学单位的领导者和一般行政工作人员。考试行政队伍的职责是负责考试管理机构各项职能活动的顺利进行和考试管理目的的有效实现。

如果说考试行政队伍的建设是源于加强考试活动外部组织管理的要求，那么，考试业务队伍的建设则是出于考试流程内部运行的要求。考试活动是一个动态的运行过程，其流程要经过命题、施测、评卷等依次相连的环节，各个环节都事关考试的质量。以命题队伍为例，倘若命题人员不能把人才评价标准准确体现于测试内容和目标中，作为充当测试工具的试卷就失去了效用，考试活动的效果、价值也就无从谈起。

考试科研队伍是伴随着现代考试改革和发展的深入而日益显示重要性的一支必不可少的考试队伍，其职责是结合高校教育教学实际，重点研究课程考试的理论与实践问题，从而为学校的考试活动提供理论指导。高校课程考试时间的非经常性决定了考试管理队伍的非专职性，也就是说，他们基本上都是兼职考管人员。应该特别指出的是，为了保证课程考试质量的不断提高，非专职性的考试管理队伍应该具有专业性的水平。

3. 健全的考试规范、严密的考试程序和科学的考试控制标准

它们是实行考试控制的依据和准则，是引导考试运行方向、防止考试运行偏离预定轨道的保障措施，同时，它也是维护考试权威性、公正性的必要条件。所谓考试规范，亦即考试运行的规程和参与考试活动各类人员的行为准则，它是控制考试运行的直接依据，一般包括考务规程、命题细则、监考守则、考场规则、评卷实施细则、考试信息管理规定、保密规定、违纪处罚规定等。严密的考试程序是指从考试命题、实施到评价分析反馈、考场编排、各类工作人员配置等各个环节都要严格要求，注重考试的整个过程。科学的考试控制标准包含时间标准，如命题制卷、考场设置、施测、阅卷评分、考试结果分析处理等的起止时限要求；数量标准，如考点设置、考场编排、试卷长度和满分值、试卷印制与分装、施测环节各类工作人员配备、阅卷人员及所需设备配置的数量规定等；质量标准，如考号及考场编排的科学性，考点、考场设置的规范性，各类人员配置的合理性，施测控制的严密性，试题编审和试卷印制的合格率，试卷分装的标准性，评分、计分、登分、核分的准确率或差错率以及考试成绩的可靠性、有效性和公正性等。

4. 良好的信息传输与反馈机制

倘若"没有确切的信息反馈，科学的统计方法和先进的技术手段就谈不上对考试流程进行富有实效的控制"。从整个考试的过程来看，考试质量分析是信息反馈的主要途径，应该根据考试结果为学生提供反馈，以检查教学目标的实现情况，检查教学措施的实施效果，发现教与学两方面存在的问题，从而改进教学工作。研究表明，运用反馈以增加学生课堂反应数量和提高学生课堂反应质量的教学，对促进大学生批判能力的发展有一定作用。从教师自身而言，在试题反馈分析的过程中，能够及时收集来自学生的真实信息是一次向学生学习和自我学习的过程，通过试题反馈分析，教师不仅了解了学生的学习需求与希望，看到了命题中需要改进的问题，还能从这一教学情景中获得许多启示和感悟，通过与学生交流，促进教学反思，在反思中学习，在反思中丰富教学经验，从而提高教学能力。从教学管理的角度而言，组织试题反馈分析的过程就是检查、反思、总结、促进教学相长的过程，它为今后命题、考试、评价等诸方面教学管理工作积累了宝贵的经验，同时也为教学双方提供了一个平等、真诚的教学交流和情感互动的平台，对师生双方都起到了积极的促进作用。通过考试的质量分析，能够使考试决策层及时客观地了解考试的情况，从而对考试活动中出现的种种偏差进行分析，以探明考试造成偏差的原因，并进行调节和控制。良好的信息传输与反馈是保证考试决策正确的重要依据，也是促使考试走向科学化的必要措施。

第四节　高校课程考试管理改革的对策

高校课程考试管理是一个由多因素组成的相互制约、相互促进的封闭的动态系统，因此，改革高校课程考试管理应该坚持系统论的观点和方法。

一、推进考试观念的深层次转变

思想观念是行动的先导，"欲革新，先革心"。正如阿历克谢·英格尔斯先生所讲："如果一个国家的人民缺乏一种能够赋予这些制度以真实生命力的广泛现代心理基础，如果执行这些制度的人自身还没有从心理、思想、态度和行为上都经历一个向现代化的转变，那么失败和畸形是不可避免的。"由此可见，转变高校领导、教师、管理人员乃至学生对于课程考试的观念，是推进高校课程考试改革的前提和基础。关于考试观念的转变，必须解决以下三个问题：首先，必须正确认识考试在人才培养中的作用与地位。关于考试在人才培养过程中的五种功能，是其他教学环节所不可替代的，这是因为它在人才培养过程中的作用与地位，也是一种客观存在。其次，到目前为止，高校从领导到教师再到一般教管人员虽然对此有所认识，但在实际工作中并未重视其作用的发挥，或基本没有研究过如何去发挥这种作用。这里要强调指出的是，高校领导、教师和教管人员不仅要在口头上，还要在思想上真正承认考试是一门科学，要真正弄清、弄懂这门科学，因为唯有了解和掌握考试的理论、运行规律、方法与技术，才有可能在课程考试中正确、有效地运用这门科学。最后，必须正确认识考试管理是一项关系考试成败、人才培养质量的系统工程。考试活动是一门科学，考试管理活动是考试活动的重要组成部分，因此，考试管理理所当然也是一门科学，考试管理不仅是一门科学，还是一项系统工程。对于高校领导、教师和教管人员来说，一要真正认识考试管理是一门科学，是一项关系考试成败、人才培养质量的系统工程；二要学习、掌握这门科学，了解、熟悉这一系统工程的特点、运行规律和控制理论与方法等，唯有如此，才能够确保课程考试组织实施的科学有效性。

二、建立考试中心，完善考试管理规章制度

考试管理要系统化、规范化，首先必须建立健全考试管理机构。考试是一项系统工程，为保证考试的顺利进行，提高考务人员的业务水平和考试管理质量，高校应该成立考试中心，统一管理高校课程考试。作为高校考试的综合管理机构，考试中心的职责与任务包括以下几点。

1. 统一规划、组织和实施高校的课程考试

传统课程考试的模式是高校制定统一的要求，各教学单位自行命题、制卷、施测、评卷、登分，有的高校有总结评估的环节，有的高校没有。本书中关于"高校课程考试管理的现状"谈到的种种问题，正是这种模式的弊端所致。课程考试事关人才培养质量，又是一项科学性、技术性很强的系统工程，应该由学校即考试中心统一规划、组织和实施。

2. 建立、完善课程考试管理规章制度并坚持严格实施

课程考试的主要目的或功能是育人，是有利于人才的培养和成长，为了实现这种功能，达到这种目的，课程考试及管理就必须科学严密，故对其管理必须有一整套科学、合理、严密的规章制度，并在课程考试中坚持严格实施。

3. 针对学校课程考试的实际和需要，开展课程考试的评估与研究

对实施的课程考试组织分析、评估和根据需要开展针对性研究一直是高校重视不够的薄弱环节，而这又是一项提高课程考试质量，促进人才培养质量提高的重要工作，所以，这将是考试中心的一项十分重要的任务。

4. 承担考试管理方面的人员培训

课程考试的监考人员一般是临时的和兼职的，对其进行培训是必需的，如组织他们学习《监考须知》《学生考试行为规范》以及《考试违规处罚条例》中的各项条例等，要求他们以高度的责任心和严肃认真的态度对待每一场考试。

三、培养和建设高素质的考试管理队伍

精干的考试管理队伍，是有效发挥考试管理功能的根本条件之一。严明的法纪可以使考试管理从制度上得到保障，健全的机构可以从组织方面保证考试管理功能的正常发挥，但如果没有一支精干的考试管理队伍，无论多么严明的法纪、多么健全的机构，都很难产生实效。课程考试属校内考试，与社会考试相比，其规模较小，只是学校工作中的一项，而且时间上是间断的，然而，这一切并不意味着课程考试管理就不需要高素质的管理队伍，所以，高校应重视课程考试管理队伍的建设。考试管理队伍包括：①科研队伍。考试实践证明，没有科学的考试理论做指导，就不会有成功的考试实践，尤其是现代的考试管理，更需要科学的管理理论、方法、技术和手段。只有在考试管理实践的过程中，有重点、有针对性地开展考试及考试管理方面理论、技术、方法等的研究，才能使考试工作决策符合科学化的要求，从而发挥考

试应有的功能，并促进学校发展。②行政队伍。考试行政队伍直接关系考试管理机构各项职能活动的顺利进行和考试管理目的的有效实现，对提高考试管理工作质量具有重要的意义。③业务队伍。考试业务队伍是根据考试流程的运转出现的，随着各自环节职能的实现，相应的业务队伍也就暂时失去存在的需要。它包括命题队伍、实测队伍、评卷队伍及评价、监督队伍。

兼职性、非常设性和专业性应该是高校课程考试管理队伍的基本特征，也应该是高校抓考试管理队伍建设过程中应遵循的基本原则。所谓兼职性和非常设性是指课程考试管理队伍的组成人员不可能是专职的（学校考试中心的人员例外，这一部分人员只占整个队伍的很小的比例），他们平时可能工作在校机关、教学单位或学校的其他单位，只是在学校组织课程考试时才成为考试管理人员。所谓专业性是指这支队伍的成员应该具有专业化的水平，即他们中的绝大多数人虽然不是以考试管理为职业，但他们都应该了解和熟悉自己在考试管理中所从事的那一项工作，所必须了解和熟悉的理论、技术等专门知识技能，并具有做好这项工作的较强的能力。没有职责就无所谓管理，高校对这支特殊队伍的管理也应同其他队伍的管理一样，分工明确，职责明确，考核明确，奖惩明确。

四、实施科学的教考分离

教考分离制度是一种现代教学管理手段。所谓"教考分离"是指将教学与考试分离进行，即将过去某一课程由任课教师自己命题、自己评分的做法改为从规范、标准的试题库中筛选、组合出符合要求的试卷，或由教学管理部门组织教学经验较为丰富的非任课教师依纲命题，并统一组织考试，统一评阅试卷。实行教考分离的目的是提高考试的质量和水平，为学生成绩的评定、教师的教学评价以及教学管理决策提供科学的依据，它有利于促使教师授课全面系统地贯彻教学大纲的各项要求，促进学生端正学习态度和良好学风的建设，这样既能促进教师的教，又能促进学生的学，充分体现了教师的主导作用和学生的主体作用相结合的教学原则，充分调动了师生的积极性。推行高校的教考分离需从以下四点入手。

1. 加强宣传，统一思想

教考分离势在必行，但大部分教师与教学管理人员对此认识还不足，心理上也还不太适应，甚至认为推行教考分离是对教师的不信任，表现出明显的抵触情绪，这在一定程度上增加了推行工作的难度。因此，推行教考分离的首要任务是加强对教考分离制度作用和意义的宣传，从学校上层、中层到教师，层层推进，调动各方面的积极因素，使认识统一到培养合格人才上来，以有利于逐步实施教考分离制度。

2. 科学合理地安排实行教考分离的课程

从教学总体效益上讲，并非每门课程实行教考分离都是有利的，如文科类的一些课程，本身要求学生涉猎广泛，如果把试题局限于课堂内的几本书，显然不利于培养学生的综合能力；又如理科的一些专业性很强、难度很大的后续课程，学校常常只有一两个教师熟悉课程内容，推行教考分离也不太切合实际。因此，学校应该在充分调查研究的基础上，科学合理地安排实施教考分离的课程。

3. 积极修订教学大纲，为课程实施教考分离建立前提条件

多年来，不少高校的课程大纲建设一直滞后，很多课程的大纲几十年不变，不能适应时代的变化，还有很多课程没有教学大纲，原因是在以前教考合一的制度下，课程缺少大纲的矛盾暴露得并不明显。教考分离制度将教与考分为两条线，没有课程大纲则无法组织有效的教学，更无法组织有效的考试。因此，高校应积极组织力量修订、制定课程大纲，为课程实施教考分离创造前提条件。

4. 建立高质量的题库，使教考分离更科学化

实行教考分离的重要途径是建立科学的题库，科学的题库可以提供各种规格、各种层次及科目的试题，采用试卷库的试卷可以克服由于教师命题随意性带来的信度差和效度差的弊病，试卷库的试卷是由水平较高的非授课教师参加阅卷，这在一定程度上预防和杜绝了授课教师在考试环节中参与作弊的现象。学校内部考试通过这方面的改进可提高校内考试的质量与权威性，但建设科学的题库、卷库并非一蹴而就，它既是一项阶段性的、多方人员合力攻坚的综合技术工程，又是一项长期的、由专业技术人员不断充实、革新、完善的系统工程。在高校中因学科、专业的多样性，试题要注意学科性、专业性以及适应学生能力、教学水平变化的需要。

五、考试方式多样化

学校应鼓励教师根据本门课程的性质选择灵活多样的考试方式，突出课程的考核重点。在国外，大学考试的方式至少在二十几种以上，如无人监考考试、论文、开卷考试、阶段测试、试验和实地考察、答辩、专题讨论、口头演示、同学评价、图片演示、设计、制图或模型、个人研究项目、小组研究项目、自评、以计算机为基础的评价、资料分析、书评、图书馆运用评估

项目、课堂表现、作文、实习和社会实践笔记或日记、口试以及闭卷考试等。国外考试的显著特点之一就是每一种形式都有与之相配套的设施和措施为后盾，以保证整个考试的有效性。对于国外高校校内考试的所有形式和方法，我们不可能也不必要照搬，但可以借鉴其指导思想。

根据我国的实际情况，高校基本的考试形式可采用以下七种：①闭卷考试。指考试中不允许携带和查看任何资料的一种用笔答卷的考试方式。②开卷考试。指考试中允许携带和查看资料的一种用笔答卷的考试方式。该方法根据允许携带和查看资料的限制情况，可分为全开卷考试和有限开卷考试或一页纸开卷考试。全开卷考试指考试中允许携带和查看任何资料；有限开卷考试或一页纸开卷考试是指考试中允许携带和查看规定资料或写有学生自己总结和归纳课程内容的一页纸。③口试。指应试者通过口头语言来回答问题的一种考核方法（含答辩考核），它是面试中常用的一种。④成果考试（如设计、论文、报告、成品等）。指应试者就某个具体问题或任务、项目通过查阅资料、计算、绘图和制作等环节，用规范的方式做出书面表达或形成实物作品的一种考核方法。⑤操作考试。指通过应试者现场操作或具体的工作实践，直接检测应试者所具备的从事某种工作的现有素质、技能与能力的一种方法，包括实务作业、样本操作和模拟操作等测试方式。⑥计算机及网上考试。指直接在计算机上答卷的一种考试方式。⑦观察考核。指通过对学生一定时期的观察，对其做出评价的一种考核方法。

每种考试方式各有其特点，单凭一种考试方式不可能全面反映学生综合运用知识的能力，应采用其中几种方式相互组合以取长补短，这样既可以考查学生掌握知识的程度，又可以检验学生运用所学知识解决实际问题的能力，使考核结果更全面。还可以通过奖励措施鼓励并引导学生从多方面、多角度，用多种方法来解决同一问题，以培养和发展学生的创造思维能力。选择最佳的考试方式是提高考试效度的重要途径，适当灵活的考核方式能够进一步提高学生的学习主动性和自觉性，从而进一步巩固和深化所学课程的知识，举一反三、触类旁通，这样既能帮助学生克服死记硬背的学习习惯，又能锻炼他们各方面的学习能力，从而达到育人的目的，同时也在一定程度上减少了学生作弊的动机。改革考试形式并不是简单、孤立的问题，它需要各方面的配套改革措施，需要有规范的教学政策和条件来支持，尤其要求改革传统的教学管理体制。考试形式与教学思想、教学内容、教学方法、课程安排和师资队伍建设等都密切相关，所以，考试方式的改革不仅需要鼓励广大教师改革考试的内容，还需要各方面的配合与合作才可能取得成功。

六、重视平时考试

民国时期的高等学校十分重视学生平时的学习成绩，加强了对学生平时学习成绩的考核。相关部门于1922年和1925年分别颁布施行了《考试成绩规则》和《考核成绩规则》。前者规定：学生的学业成绩分别为考分成绩和积分成绩两种。所谓考分成绩，即学期末的考试成绩；所谓积分成绩，即平时成绩，各教授应按照学生的平时成绩酌情记分，并可根据需要举行临时考试，所得分数归入积分成绩内计算。考分成绩和积分成绩合并平均计算，分别占40%和60%。同时，还规定：平时考试成绩须与听课笔记、读书札记、作业成绩分别合并计算，作为平时成绩。如果每学科的平时成绩占该学科成绩的比例合理，就能督促学生平时刻苦学习。学风好了，"三基"就扎实，知识也能融会贯通，考风也必然好转；考风好了，又反过来促进学风的端正，这就步入了良性循环的轨道。这些做法和措施具有较高的科学合理性，在推进高校课程考试改革中值得借鉴、继承和发展。建立科学的成绩评价体系能改变所有课程均实行"一次性闭卷考试"的局面。要结合课程总结性考试与平时考核进行综合评价，并逐步加大平时考核成绩在总成绩中所占的比例，要实行百分制、等级制、评语相结合的评分方法。加强对学生的平时考核，并不是频繁增加考试次数，而是任课教师在教学过程中，根据不同阶段的教学要求，灵活运用提问、讨论、作业、小论文、小测验等方式了解学生的学习状况，并通过测验获取教学信息，从而指导教学更好地开展。

七、实行全程管理

考试管理分为考前管理、考中管理和考后管理，如某一环节工作不到位，就会失去考试的真实性、客观性和公正性，达不到考试的真正目的和效果。因此，要达到考试的目的与效果，就要对考前的计算机抽题组卷、试卷打印、分装保管、保密等做到可靠，对考场考号编排做到合理，对监考人员业务培训做到熟练；考试结束后，要实行统一阅卷制，要建立试卷分析制度，要进行考试后的评估。要使用现代化的手段科学编排考场，对考场编排应按考场的大小确定考生人数，实行单人单桌，考生之间间隔两个以上座位，学生凭准考证或学生证进入考场，对考生实行保密号就座的方法，即每场考试前由计算机对考生随机编号，考前15分钟由班主任宣读每个考生的保密号，考生按保密号进入相应的考场，并对号入座参加考试，考试时把保密号填写在试卷的指定位置上。考试成绩评定后，可将保密号及分数输入计算机，系统就会自动对号还原成学生成绩，这样首先是能杜绝替考现象；其次是能有效地减少学生协作作弊和偷看；最后是由于试卷上除保密号外不再出现学生的学号和姓名，防止了阅卷统分过程中教师给学生加入"人情分"的可能性。考试质量分析和信息反馈是现代考试流程的一个基本环节，是现代考试管理的一项常规工作，通过考试质量分析这个环节获取的大量信息经过整理、研究，并及时进行信息反馈，对于改进和完善考试工作，提高考试质量，促进考试走向科学化具有重要的作用。

八、网络化考试——知识和信息时代高校考试的改革方向

21世纪是知识和信息"爆炸"的时代，高校课程考试方式和内容应与时俱进，顺应知识和信息快速发展的局势，充分运用信息时代网络信息平台提供的方便，使考试管理既严肃、科学，又灵活、多样和开放。我们要以激发学生的学习和探索知识的兴趣为前提，使学生处在相对轻松的课程学习过程中，为掌握更多的知识和提高分析解决问题的能力而学习，以提高教学质量。

1. 实施网络化考试，顺应知识和信息快速发展的局势，提高考试质量

针对目前高校考试的种种弊端，有许多学者进行了分析，并提出许多针对性的建议或措施。从考试方式上，提出打破传统的以"闭卷"考试为主的方式，应根据不同专业、不同课程的性质或特点，灵活运用闭卷、开卷、笔试、口试、答辩、论文、操作等多种考试形式和方法，并增加考试机会。从考试内容上，提出拓宽考题所涉及的内容，增加考核学生分析和综合运用能力的题型。在命题时，要严格考试命题，坚持教考分离，严控命题环节，加强试题库建设。在评价中，可以通过学生自评、学生互评、小组评价、教师评价等多种形式进行。通过这些丰富多样的考核形式，能促使学生开放性个性和创新意识的形成。

2. 网络考试的优势

网络考试是指通过局域网或者互联网，并利用计算机进行考试的行为，网络考试和在线考试以及网上考试的概念都是一致的。网络化考试将传统考试的各种工作流程通过计算机实现信息化和电子化的管理，使各种考试可以在网络平台下实现，它包括组卷系统、考试系统、阅卷系统、成绩查询分析系统、试卷制作管理系统。该种考试形式在实现无纸化考试的同时，也强化规范了教学评估的手段，适应多媒体教学的层次和水平，同时也提供了科学准确的教学研究数据，具有传统考试形式不具有的优势。

3. 高校全面实施网络化考试的条件

目前，高校已有完善的网络系统，包括信息联网共享系统和大型计算机

房,以及许多学生都有自己的个人电脑,高校实施网络考试的硬件已经具备。同时,高校还具有一批高水平的计算机专业知识的教师和相关技术人员;所有高校大学生在入学第一学期都有计算机基础应用的课程,这为进一步提高大学生的计算机理论和应用打下了基础;许多成熟的网络考试平台或软件已应用于不同行业的考试中;许多高校都有计算机和信息技术相关专业,等等,这些都是高校实施网络考试的软件。通过合理的调配和运用这些硬件和软件,高校已具有了全面实行网络化考试的条件。

4. 网络化考试有许多明显优于传统考试形式的优点

第一,网络考试要求具有高质量的科学性、全面性、难易程度和测试学生综合学习水平和能力等方面的题库。在我国高校,无论从规模、数量和质量还是师资水平各方面,已具备各专业和学科标准化和高质量的题库建设的要求。我们要通过由不同高校相同专业推选优秀的专业教师组成考题题库的命题机构,通过搜集、整理历年题库和命题,并在此基础上根据不同课程的发展现状,建立不同专业课程的高质量的试题库。由于命题机构是由同一学科优秀的专业教师组成,试题的科学性、全面性、难易程度和测试学生综合学习水平和能力等方面会得到最大限度地提升,并且会不断通过不同学校学生考试结果的检验和随着学科的发展而不断改进和更新。

第二,网络化考试有利于培养和考核学生分析解决问题的能力。由于试题的科学性、全面性、难易程度和测试学生综合学习水平和能力等方面的优化,能够考核学生的学习效果和分析解决问题的能力,这也同时要求和促使着教师不断地自我学习,改革和改进教学方法、教学内容和教学水平,促使学生不断改进学习方法和学习态度,以提高自身的综合学习能力。

第三,由于有了高质量的题库和网络考试,使同一门课程不同时间进行多次考试很容易实现,改变了传统课程考试频次太少和一次性闭卷考试对学生造成沉重心理压力的弊端,使学生处在一个相对宽松的探索知识和提高分析和解决问题能力的学习环境当中。

第四,实施网络化考试能够有效地预防舞弊。实施网络化考试可以使教师划定考试范围和送"人情分"以及学生的抄袭等行为得到减少,因此,它也同时具有间接端正教风和学风的作用。

第五,实施网络化考试提高了考试成绩的区分度、效度和信度。由于统一的高质量的试题和科学的评价标准,以及试题的科学性、全面性、难易程度和测试学生综合学习水平和能力等方面的提升,使考试成绩的区分度、效度和信度具有科学性。

第六，实施网络化考试能够节约人力资源。实施网络化考试能够节约教师的命题和阅卷时间，可以使教师把更多的精力和时间用于教学和科研上，以不断提高教学水平和教学质量。

第七，实施网络化考试有利于学生更好地运用网络信息探索和学习科学知识，从而培养学生良好的上网习惯。实施网络化考试除了具备科学性、全面性、难易程度和测试学生综合学习水平与能力等方面的题库外，与之相适应的相关学科的网络学习和复习资料也能为学生的学习辅导提供方便。学生在进行长期网络课程资料的查询和学习中，会潜移默化地引导他们把网络作为探索学习的主要工具，而不只是一种消遣和玩游戏的平台，从而达到培养学生良好的上网习惯的作用。

第八，实施网络化考试具有巨大的经济和社会效益，对构建节约型的可持续发展的社会具有积极的作用。如能够节约大量的纸张和油墨等消耗性和污染性的资源，从而对减少土地和植被的消耗以及减少环境污染起到积极的作用。

第九，高校实施网络化考试对推动网络考试的全社会普及有着重要的示范作用。作为科学技术创新发展主要源泉的高等学校，对推动科学技术转换为生产力起着巨大的示范作用。高校实施网络化考试必将对推动网络考试的全社会普及有着重要的示范作用。

正是由于网络化考试明显优于传统考试形式的诸多优点，实施网络化考试成了高校考试改革的一个重点方向。

第八章
高校教育行政管理创新

第一节　高等院校行政管理体制改革的研究

高等院校行政管理体制改革是当前我国高等教育体制改革的核心，也是改革的难点。高等院校行政管理体制改革既包括教育行政管理体制改革，又包括高校内部的行政管理体制改革。虽然我国在高校行政管理体制改革中进行了不断地探索和实践，但由于我国的具体国情和一些体制性原因，使得改革多处于系统改革不够、局部推进的阶段，产生了不少的问题，同时也影响了高等教育改革的整体效果，并在一定程度上阻碍了改革的进程，增加了改革的成本。

历史赋予高等教育的重要使命，社会大环境对高等院校的影响以及客观存在的问题都对高等院校行政管理体制改革提出了迫切的要求。政府和高等院校必须深入分析高校现存问题，找准原因，积极探寻解决办法，要在转变政府管理职能、扩大高校办学自主权、加强宏观调控、改革管理手段和方式等方面下功夫，高校自身也要积极转变观念，倡导学术，还权学术，及时调整转换管理职能，加快人事分配制度改革、社会保障制度改革，积极引入市场管理理念和管理机制，提高办学效率和办学效益，从而促进高等院校整体改革的深入发展。

当前，国际竞争主要体现在综合国力的竞争，特别表现为人才的竞争。高等教育作为培养和造就高素质人才的核心阵地，受到世界各国的普遍重视和大力扶持，无论发达国家还是发展中国家都把高等教育作为本国发展战略的重要内容，这已经成为一条普遍的经验。目前，我国正致力于建设惠及数以亿计人口的全面小康社会，纵观外部环境和内在条件，对于我国这样一个人口大国，如何把我国众多人口的压力变成我国建设全面小康社会的人力资源优势，并实现人力资源向人才资本的转变，为国家培养众多人才，并全面提高国民素质，作为中国高等教育重要承载的高等院校，在新世纪被时代寄予了更高的期望，同时也面临着更为严峻的挑战和更为难得的发展机遇。

为迎接这一挑战，近十年，我国高校在教育体制上进行了不断的探索和实践，先后在教学体制、招生就业体制、办学体制、行政管理体制等方面进行了全新的改革和调整，基本理顺了体制关系，调动和发展了高校的办学积极性，办学效益初步得到实现，高等院校在社会经济发展中占据了越来越重要的地位。高等院校行政管理体制作为高等教育体制的核心和关键，在高等教育体制改革中占据着特殊的不可替代的重要作用，在新世纪高等教育的历史使命中扮演着极为重要的角色。高等院校要完成时代赋予的历史重担，就必须在大力加强教学科研工作的同时，努力建设一套科学、有效的管理制度和一支高素质的管理队伍，为教学科研和社会服务工作打下基础。这些年，虽然在高校行政管理体制上先后出台了落实办学自主权、高校合并、后勤社会化改革、高校人事制度改革、"211 工程"和"985 工程"建设等，促进了高等学校的发展和进步，但由于以前较为僵化的管理模式依旧存在，改革多为局部改革，缺乏整体推进，有些改革不够深入，使得改革的整体效益得不到较好的体现，严重束缚了高等院校的改革和发展。

目前，很多学校的办学自主权难以落实，政府仍管了太多不该管也管不好的事情，高等院校的发展受到了限制，与时代和社会的要求格格不入，学校内部由于没有进行相应的职能转变，缺乏实质性的制度改革，一些机构、人事、分配改革流于形式，没有触动原有体制的根基，学校机构林立，超编严重，分配激励机制影响了职工积极性的发挥，导致了政府管理和高等院校行政管理的低效、无力，学校在发展上困难重重、矛盾不断，限制了高校其他体制功能的发挥，并直接影响了学校的发展和中国高等教育改革的整体推进，阻碍了高等院校育人功能和社会服务职能的有效实现。特别随着社会经济的发展，中国教育逐步向国际社会开放，高等教育的大众化、国际化将在各个方面对中国高等院校产生冲击，特别是发达国家先进的高等教育管理制度对中国较为传统和落后的管理模式冲击较大。是沿袭旧制，被动接受？还是主动改革，迎接挑战？在中国高等院校发展的重要关头，进一步推进和加强高等院校行政管理体制改革显得尤为重要和紧迫。

目前，对高等院校行政管理体制改革的研究比较多，如对办学自主权的研究、对高校合并的研究、对领导体制的研究、对办学体制的研究、对人事改革的研究等。但是，对此问题的研究大多是对高等院校行政管理的某个方面或局部的研究，对行政管理体制的系统性研究不够，已有的研究也多以对策研究为主，缺乏对一些较深层次原因的深入研究。高等院校行政管理体制改革是一项系统工程，需要进行全面的深入的分析，并进行系统的科学的改革，才能产生改革的整体效益。笔者也认为，此问题的深入探讨和不断完善，有助于中国高校的发展和完善,有助于中国高等教育水平的整体提高,有助于中国新世纪宏伟目标的实现,它需要众多专家学者进行及时的理论分析、总结和构建,需要政府和学校管理层对此问题高度重视,转变观念和思路,积极实践。中国高等院校的管理体制改革必须把问题放到既定的客观环境中,即抓住事物的主要矛盾和矛盾的主要方面,它需要更多的人对此进行更为自觉、更加深入的理论研究和实践探索,深入探寻现代高等教育发展的普遍规律,进一步为高等学校的管理体制改革提供科学有效的理论指导。笔者自工作以来,一直在高校从事行政管理工作,对此问题有比较深刻、直接的感受和体会,深为高校行政管理的各种弊端对高等教育事业的影响而担忧,并认为必须要对其进行大力的研究,并进行科学、系统的改革和完善,只有这样才能激发高等院校行政管理的活力,进而为高等院校的其他管理体制改革提供坚实的基础保障。

  高等学校同高等教育的概念一样,人们的理解也不尽相同,主要有两种。第一种,高等学校即高等学校系统,包含各级各类高等学校;第二种,高等学校即大学。笔者认为,结合我国的实际情况,高等教育更多表示一种社会系统,专指高等教育这一行业。高等学校作为高等教育的具体承载和表现形式,更多的应包含各级各类高等学校,而不应仅仅局限于大学。为研究的需要,特别指出,本书所称之高等教育特指普通高等教育,不包括成人高等教育、军事高等教育、民办高等教育或其他非正规的高等教育,本书所称之高等学校仅限于普通全日制高等学校,不包括成人高等学校、军队院校、民办高校和其他非正规的高等学校。从严格意义上讲,高校的内部管理不能称之为行政管理,但由于我国事业单位的特殊背景,它们之间有许多共通的东西,称之为行政管理在一定意义上是符合实际情况的,所以本文在使用上并未做出严格的区分,这也正是本文将要讨论的重点。高等学校行政管理分两个层次,一个层次是指国家教育行政部门对高等学校的教育行政管理;另一个层次是指高等学校内部的行政管理。高等学校内部的行政管理体制是高等学校管理体制的一部分,高等学校管理体制包括多个方面的内容,如招生就业体制、投融资体制、教学管理体制、科研管理体制、后勤管理体制、行政管理体制等。

第二节 我国高校行政管理的制度分析及现存的主要问题

一、我国高校行政管理制度的分析

新中国成立后到十一届三中全会以前,我国经历了三十年高度集中的计划经济体制,国家、政府对整个经济的控制以高度集权的直接管理为基本特征,在这一体制背景下,我国的高等教育管理体制与计划经济的体制特征是完全吻合的,高校与政府的关系也是一种高度集权的管理关系。主要表现在以下几个方面。

1. 集中且直接的管理

在中央与地方的关系方面,主要以中央集中且直接的管理为主。高等教育事业主要事务的决策权和最终决定权在中央。从学校设置、专业调整、招生、毕业生分配、教师调配到经费划拨等,都由政府与学校发生关系,地方政府根据中央的决定进行工作,一切向上级机关负责,高校如同政府的一级行政机构。

2. 以行政管理为主。

高等教育管理的手段一般包括立法、拨款、规划、信息服务、政策指导和行政手段等。几十年来,我国对高等教育的管理以行政手段为主,即使是拨款、规划、信息服务和政策指导等都带有强烈的行政色彩。

3. 以封闭式管理为主

高等学校是社会的一个组成部分,它无法孤立地存在于社会之外,尤其是随着社会的发展,高校与社会之间的关系日益密切。高校的三大职能是培养人才、科学研究和直接为社会服务,学校的人力、物力、财力以及工作成果反作用于社会,无不通过学校管理去实现。因此,学校管理过程的一个重要特征就是封闭性与开放性的辩证统一。但是,长期以来,我国高校与社会之间、高校之间、人才培养与使用之间缺乏必要的沟通和联系,学校闭门办学,社会参与管理程度低,人才培养质量缺少科学的评估和反馈系统。

4. 在校内管理模式上,我国成立初期是学习苏联采取校(院)长负责制

1958年,《关于教育工作的指示》要求"一切高等学校中,应当实行党委领导下的校务委员会负责制"。1961年,《高教60条》规定实行党委领导下的以校长为首的校务委员会负责制。学校的机构大体与政府相关机构对应设置,实行准行政化的管理。

自1978年实行改革开放以来,我国的社会经济发展取得了长足的进步,高等教育事业同样由恢复、重建起步，逐渐走上了深化改革，稳步发展，建设中国特色的社会主义高等教育体系的道路。以高等教育管理体制改革作为这一阶段高等教育体制改革的重点，其主要经历了三个阶段。

第一阶段是从十一届三中全会到《中共中央关于教育体制改革的决定》发表之前，这是我国高等教育体制改革的"酝酿、启动"阶段，这一阶段的改革重点是扩大高校办学自主权。在十一届三中全会的推动下，我国高等教育进入了一个"加速发展，拓展办学形式"的新阶段。这一时期，高校面临的主要矛盾是：社会急需人才，高校渴望挖掘自身潜力为社会做出贡献，但又深感现有的高教管理制度和规章把高校限制过多，所以，高校有一股强烈的"扩权"的愿望和要求。其突出的标志是1979年12月6日《人民日报》发表的复旦大学校长苏步青等几位著名大学的校长、书记关于《给高等学校一点自主权》的呼吁，在此舆论的先导之下，全国开始了以高校自主权为重点的第一轮高教管理体制改革。

1983年7月，教育部召开了新中国成立以来的第二次全国高等教育会议，会议讨论了今后一段时期高等教育的工作方针，即确定继续贯彻"调整、改革、整顿、提高"的方针，加大调整、改革力度，继续进行整顿，加快发展步伐，努力提高教育质量。教育部和一些地方政府实施了扩大高校自主权的一些初步措施，这实际上是高校与政府关系的调整，也标志着原有高度集中统一的高教管理体制面临着挑战。在我国改革开放全面展开的大背景下，教育体制改革也逐渐展开。1985年5月，中共中央、国务院在北京召开全国教育工作会议，邓小平同志作了《把教育工作真抓起来》的讲话。5月27日，《中共中央关于教育体制改革的决定》颁布，这标志着我国的社会主义教育事业进入全面改革的新的历史时期。

第二阶段是从《中共中央关于教育体制改革的决定》发表到邓小平同志南行讲话和党的十四大明确提出建立社会主义市场经济体制的改革目标之前。这是我国高等教育体制改革"全面展开"的阶段。这一阶段改革的特点是："教育大体制（管理体制、办学体制、投资体制、招生分配体制、内部管理体制）"的改革在"相互配合、相互促进和互相制约"中全面向前推进。1985年5月，中共中央做出了《关于教育体制改革的决定》，尖锐地指出了我国高教管理体制上存在的弊端，即在教育事业管理权限的划分上，政府有关部门对高等学校统得过死，使学校缺乏应有的活力，而政府应该加以管理的事情又没有很好地管起来。为此，《关于教育体制改革的决定》明确提出"要从根本改革这种状况"，要认真"改革管理体制，在加强宏观管理的同时，坚决实行简政放权，扩大学校的办学自主权"。

从 1985 年到 1991 年，我国高等教育围绕"五大体制"全面展开了改革的探索，在推进高等教育管理体制的改革中，其主要进展表现在三个方面：一是在执行国家的政策、法令、计划的前提下，高等学校有权在计划外接受委托、代培和招收自费生；有权调整专业的服务方向，制定教学计划和教学大纲，编写和选用教材；有权接受委托和外单位合作，进行科学研究和技术开发，建立教学、科研、生产联合体；有权提名任免副校长和任免其他各级干部；有权具体安排国家拨发的基本建设投资和经费；有权利用自筹资金开展国际教育和学校的交流，等等。由于自主权的增大，使高校得以主动地面向经济建设主战场，挖掘潜力，扩大规模，调整专业，适应需要，促进了高校与社会的密切联系。二是促进了政府职能的转变。政府放弃了一些本来不应管的事情，从而得以腾出精力，更有效地加强宏观管理。三是由于扩大了地方管理高校的权力和责任，既充分调动了省级政府管理大学的积极性，又增强了其管理大学的责任感，加大了地方对高校的投入，密切了地方经济、社会发展与高等教育之间的联系。

在高校内部管理上，1978 年，全国教育工作会议提出党委领导下的校长分工负责制。1985 年，《中共中央关于教育体制改革的决定》中提倡校长负责制，高校内部的职能、管理机构设置、管理办法、人事管理制度、分配制度、社会保障制度等都参照国家机关工作人员的管理办法执行，较之前相比变化不大，即使有些变化，也仅仅是名称的改变或职能在不同部门之间的转移和调整，如以前的青年部现在叫学生部，管理教工的职能并入人事处，等等。

第三阶段是以邓小平同志南行讲话发表，党的十四大正式确立"建立社会主义市场经济新体制"的改革目标和中共中央、国务院联合颁发《中国教育改革和发展纲要》为标志，这一阶段开辟了我国教育体制改革的一个新时期。1993 年，党中央和国务院发布了《中国教育改革和发展纲要》，确定了到 20 世纪末我国教育改革与发展的基本目标和任务，这是指导我国 20 世纪 90 年代乃至 21 世纪初教育改革和发展，建设中国特色社会主义教育体制的宏伟纲领。1994 年，全国高等教育体制改革座谈会之后，以共建共管、合并学校、合作办学、协作办学、转化地方政府管理五种形式为主的改革探索取得了显著的进展，形成了"共建、联合、调整、合并"的八字方针。1996 年，第八届全国人大四次会议批准了《中华人民共和国国民经济和社会发展"九五"计划和 2010 年远景目标》，提出了我国教育发展的指导方针、"九五"教育发展的奋斗目标、2010 年教育发展的远景目标、教育改革的总体思路。1998 年 3 月，朱镕基总理在第九届人大一次会议上宣布成立科教领导小组，并将加大对科教事业的投入，这再次体现了我国党和政府重视科技教育在社会主义现代化建设中的作用,以及进一步实施"科教兴国"战略的决心。1998年8月29日,第九届人大四次会议通过了《中华人民共和国高等教育法》,并决定自1999年1月1日起开始实施。《高等教育法》将我国自新中国成立以来,特别是党的十一届三中全会以来,高等教育工作中已被实践证明是成功的经验以法律的形式确定了下来,使之成为国家的意志、人民的意志,同时,它又为面向21世纪的高等教育改革和发展明确了方向。1999年1月,国务院批准了教育部《面向21世纪教育振兴行动计划》。

这一阶段的改革特点是:在"五大体制"改革继续全面深化的基础上,突出"管理体制改革"这个重点和难点,使高校与政府的关系向着和谐平衡的方向又迈进了一步。这一时期,管理体制改革是重点和难点,改革的目的主要是淡化单一的隶属观念,解决原有体制下"条块分割"、管理权限过度集中等状况。进入20世纪90年代之后,在"共建、调整、合作、合并"的八字方针下,高等教育管理体制改革取得了实质性的进展。1998年实施了对国务院9个撤并部门所属165所高校管理体制的调整;到2000年,全国有31个省、市、自治区,60多个国务院部门单位参与改革,有556所高校合并,调整232所,减少324所,有509所高校完成管理体制的调整(普通高校296所)。经过调整,一个结构、布局更加合理,质量、效益更加突出,适应社会主义市场经济发展的高等教育体制已经初步形成。高等学校在校内管理体制上,主要实行党委领导下的校长负责制,同时在人事分配制度、机构设置、社会保障等方面进行了一系列改革,如实行了聘任制,打破大锅饭;一些高校内部的院系合并、调整;分房制度改革;医疗、养老保险制度改革等,高等学校逐步地走出了封闭的象牙塔。

目前,我国高等教育管理体制的改革不断深入,正在向着形成中央和省级政府两级管理、分工负责,以省级政府统筹为主,条块有机结合的体制框架迈进。1999年,在党中央、国务院的直接支持下,高等教育开始扩大规模,加速数量发展,并且明确提出在2010年适龄青年入学率达到15%,高等教育进入大众化阶段,而实际发展进程还要快于这一指标。截至2017年年底,中国各类高等学校在校大学生3 699万人,中国高等教育已全面进入大众化阶段,并且,高等教育管理体制改革的整体效果也已逐步显现;高等教育的结构、布局在全国或地区范围内进行优化的势头正在形成;有限的教育资源的配置正在日趋合理;办学效益日益提高;长期条块分割的局面被打破,逐步走向条块有机结合,使高等教育管理体制向着适应社会主义市场经济体制的方向迈出了重要的一步。

二、我国高校行政管理现存的主要问题

1. 教育行政管理体制方面的问题

（1）管理体制改革相对滞后。

这主要表现在党和政府对我国高校的管理体制一直没有进行深刻的、实质性的系统改革，高校的管理模式、手段、方法等相对单一，没有出现根本性的改变，传统的较为僵化的带有强烈计划经济色彩的管理体制依旧存在并发挥着作用；现有的高校管理体制改革仍是表层改革，缺乏应有的深度、广度和力度，缺乏明确的改革目标和相应的改革配套措施；政校不分、企校不分的状况依然没有改变，而且人员和机构还有不断扩大化的发展趋势。从总体上看，高校管理体制改革仍处在单项推进、局部试点、各行其是的探索性阶段，与企业体制改革和行政体制改革相比较而言，高校行政管理体制改革远远落在后面，甚至远不如医疗卫生、文化事业或中小学校等事业单位的改革来得快。有人甚至提出，高校行政体制改革是中国改革的最后一块堡垒。这种局面的形成有着深刻的政治、经济和社会原因。

首先，一直以来我国就把高等学校作为上层建筑加以建设和发展，忠实执行党和国家的路线、政策，培养社会主义现代化建设事业的建设者和接班人是高校的重要使命和责任。鉴于高校一般是新思想、新思潮的发源地，是社会精英的培养场所，因此，在几十年的发展中，国家一直按照政府的模式建设高校，让高校享受较高的待遇，并主要通过行政指导手段牢牢控制着高校的领导权，这是几十年来我国高校行政管理体制改革一直未见大的成效的主要原因。

其次，在计划经济时代，国家主要通过行政手段来管理高校，其管理模式单一，且不存在管理改革的条件。就我国市场化改革的进程来看，我国一直有非经济领域的体制改革相对滞后于经济领域的体制改革的习惯。由于我国一直对高校的非产业化与非经济化定位，导致人们许多管理观念上的误解，也没有使人们对高校的行政管理改革引起重视，致使我国高校的管理体制改革被长期排除在经济体制改革的视线之外。

再次，党和政府本身的角色定位和工作习惯也是高校行政管理改革滞后的不可忽视的因素。一直以来，党和政府都把高校作为自己加强对社会管理的有力手段，并成为经验不断沿袭，而改革必然要弱化其管理职能，增加其服务职能，冲击其以往的权力控制体系，加大其管理服务的成本，特别是在信息时代，改革就意味着管理权力的分散化、管理手段的多样化、管理主体地位的平等化，这对习惯了几十年行政命令的党和政府管理者来说，是一个心

理上难以接受的结果。另外，管理权力的调整必然意味着群体利益的变动。因此，对于他们来讲，在没有外力作用的情形下，管理者都有维持原有体制的主观愿望，而不愿主动去打破目前的格局。由于高校管理体制改革相对滞后，致使高校管理日益扩大化和福利化，高校管理实际上已经变成了改革的"避风港""防空洞"，成为变相的社会保障部门，例如，政府机构改革分流人员到高校，那么高校改革后分流人员又往何处去？因此，高校管理体制改革将会遇到更大的困难和阻力。

最后，在已经实行的高校行政管理体制改革中，前期改革的焦点主要集中在拓宽经费来源上，而较少地考虑如何适应市场经济的环境，转换职能和运行机制等问题。由于国家对于各项改革缺乏统一的规划与协调，只是基于财政困难而片面强调"断奶""断粮"，忽视了相关的深层次问题，使得各部门和单位也只能做表面文章。

从总体上看，当前我国的高校管理体制改革并未触动传统的管理体制的根基，这种相对盲目的改革既不能达到建立新体制的目的，又无法解决改革中所遇到的难题，甚至会造成一些新问题的产生。高等学校管理体制改革牵涉到政府机构改革、财政税收体制改革、干部人事制度改革、公用事业体制改革、社会保障体制改革及其他多项管理体制改革，这是一项巨大的系统工程，面临着一系列的难题，需要加速推进相关的配套改革，创造有利的改革环境和改革条件。

（2）高校的办学自主权落实不够。

这是当前高校在发展过程中遇到的最为困难，也是最需要急迫解决的问题，严重束缚着高等教育的发展。它主要表现为国家对高校该下放的权利没有得到有效的下放，仍旧管得过多、过死，这在相当大的程度上限制了高校自主办学的积极性。政府对高校的领导与管理权限没有完全按照法律所规定的执行，同时，政府在行使这些权限时也没有必要的监督和制约，政府对于高校办学与教育过程大部分仍旧是事无巨细的直接参与和领导，尽管《中国教育改革和发展纲要》《高等教育法》先后对政府与高等学校的从属关系做了进一步的定位或调整，明确提出高等教育体制改革的最终目标是要逐步形成政府宏观管理、学校面向社会自主办学的局面。

应该说，有关这方面的改革这些年来已经取得了积极的进展，产生了显著的效益，但相比较而言，高等学校办学自主权落实不到位仍然是高等教育体制改革实践中相对薄弱的环节，高校的办学自主权在许多方面仍没有达到法律所规定的范围与程度，这是不争的事实。其主要原因有以下几点：首先，由于市场尚处于发展与完善的过程之中，人们在大学与政府关系的问题上长期形成的思维定式以及制度惯性仍在发挥着作用，因此，在模式转变的过程中，政府如何发挥作用、高校如何自主办学，这无论在理论上还是在实践中都仍没有得到很好解决。特别是在长时期的政府高度集中管理的体制下形成的观念、行为模式仍然对现行政府部门处理大学与政府的关系产生着影响，而如果政府行政部门不对集中管理体制下形成的观念、行为模式做出极大的改变，法律所赋予高校的办学自主权就不能落实在实践中。如何处理政府教育行政部门进一步转变高等教育管理职能与高校自主办学之间的矛盾，这将成为我国高等教育进一步发展和高等教育体制创新所必须解决的一大难题。其次，办学体制、融资渠道、管理手段、利益分配、改革步伐不配套或滞后，都会使办学自主权改革难以落实。目前，公办高校在我国的高校中占据着绝对优势，同时，这些高校的融资渠道主要是国家的财政拨款，国资独大的状况没有得到根本改变，国家通过预算、拨款、行政命令等手段管理学校的方式依然在发挥主要作用。高校隶属关系的客观存在使得政府教育行政部门自然而然地把高校看作为当然的直接管辖的下属机构，这一计划经济体制下大学与政府关系的基本状态并没有发生什么实质性的改变。而改革必然要使一部分既得管理利益者丧失利益。因此，他们不愿意改革，也没有改革的动力。正因为这些配套改革的滞后或落实不好，使得国家一直将本该下放的权力仍旧紧紧抓在手中。最后，高校内部自身的改革观念、措施的不完善也是造成办学自主权不能得到较好体现的原因。很多高校的管理者在改革中，因为种种原因，如改革对责任的加重、改革对利益的冲击等，使得一部分已经习惯了传统的被动执行的管理者一时间在观念上还不能很好地理解和接受，仍旧沿用传统的被动管理的工作方式，在工作的创新性上开拓不足，这直接影响着政府对高校授权、分权的决心。

（3）高校合并风行，而理想预期难成现实。

国务院和教育部先后于1991年12月、1996年8月和1998年1月三次连续召开全国高等教育体制改革座谈会，要求加快推进高校合并改革进程，这有力地推动了各高校之间的合并工作。目前，合并工作已取得了初步的成效，基本上扭转了长期以来部门和地方条块分割、重复办学、教育资源浪费严重的局面，一批文、理、工、农、医学科门类齐全的综合性大学重新涌现。

然而，高校合并后，由于没有现成的可以借鉴的经验和模式，合并的方式大同小异，在合并的过程中同时出现了一些亟待解决的问题，主要表现为：高校合并本是一项复杂的系统工程，需要多方科学求证，但实际情况是高校合并多为政府主导，科学性、合理性都没有得到很好的论证，受政策、利益杠杆的驱动，合并中出现了一些盲目的现象，没有条件合并的高校也积极想办法争取政策合并，增大了改革的成本；合并高校领导班子的搭建多采用平均主义原则，而非科学化原则；各合并学校之间貌合神离，真正的融合力不强，各成员学校利益时有冲突；合并后的学校向心力较弱，人事关系难以调和，内部协调困难，资源的配置与共享较难处理；管理的难度加大，使一些学校的管理基本处于一种较为落后的境地，阻碍了学校的发展。究其原因在于：其一，国家宏观政策的严谨性不够，政策调控力度不强，从而使得高校合并成风，没有很好地体现出政策的导向作用。在政策的实施过程中，政府对具体高校合并的论证工作、审批工作做得不够深入细致，行政命令多项目论证少，政府主导或利益导向多于学校自愿，使一些不具备条件的学校合并后产生了不少问题，影响了学校的发展。其二，对任何一所大学来说，要其放弃、改变经历史积淀而形成的传统办学思想都是很困难的，而新办学思想的重新确立又需要经过相当长的时间，于是各学校出于维护和继承自己的办学特色和校园文化的考虑，必然会产生办学思想的难以融合。其三，高校合并后，学校管理者面临的问题既有原学校的遗留问题，也有合并后新出现的具体问题，同时由于规模扩大、校区分散，也给管理带来了许多困难，而为实现集中管理而进行的管理机构设置、管理层级划分等也并非易事。高校合并表面上有利于推进合并高校的内部人事制度改革，但由于组织内部成员的利益分配、权力调整和人事磨合过程的长期性，以及同类机构合并所带来的中层管理人员的安置问题，必然会引发各高校在人事关系方面的紧张。

（4）扩招使高校规模扩大，而学校硬件、师资队伍难以保证。

1999年至今，我国高校连续扩招，高校招生保持着年招生规模、在校生总量、高等教育毛入学率的持续增长，这使得我国高等教育得到了较快地发展，大大缩短了从精英教育向大众化教育过渡的进程。与此同时，也出现了不少的问题：办学条件趋于饱和，大部分高校的图书馆、教室、宿舍、实验条件、师资力量等"硬件"处于紧张状态，教育、教学改革滞后，生源的质量下降，素质也参差不齐，而高校的教学内容、教学方法却没有随之改变，仍旧是传统的教学模式，教育缺乏弹性，教学质量难以提高，大学毕业生供过于求，就业形势严峻。

其主要原因有以下两方面，一方面，我国进入了一个就业的高峰期，受经济因素的影响，毕业生在当时实现充分就业有较大困难，同时，由于当时经济的发展，人们对高等教育的需求空前高涨，社会上存在着较大的教育市场空间，而高校在这方面又有扩大规模的基础条件，在此形势之下，国家适时推出了高校扩招的政策。但在政策具体落实的过程中，国家在政策论证和宏观管理上，较多地考虑了缓解就业压力和扩大教育规模的因素，而对一些学校具体的办学条件、扩招指标论证不够，有的甚至完全就是凭申报材料给予指标，缺乏一定的科学性、合理性，这就造成了近几年高校扩招较大，而政府又宏观指导乏力，也没有建立较为有效的监督评估体制，再加之多数高校为寻求自身利益而脱离自身实力的盲目跟风，使得各高校学生的规模呈指数增长，而学校的校园面积、教学、住宿、实验设备条件及师资队伍没有得到及时有效的补充和建设，远远跟不上学生人数增长的速度。另一方面，大规模的扩招推迟了学生的就业，也在短时间内形成了大量的人才储备，再加上国家高等教育教学模式改革虽然有了较大的进展，但一些新建立的教育教学制度还不尽完善，如学分制的实行、素质教育的推进、创新人才培养等都还处于不断地探索之中，从而使得传统的育人方式、手段、评价机制等仍未得到彻底有效的改善。近几年，扩招的学生并没有按照新的模式来培养，这使得单一型、学术型高级人才供过于求，而应用型、技术型和复合型的高素质人才严重不足，从而造成了人才结构的不合理，致使国家的宏观调控管理变得更加困难。目前，一些企业高薪招聘高级技工却缺少人才，而许多大学毕业生却为寻找岗位发愁，这深刻地说明了国家在教育的宏观管理上确实出现了一些问题，需要结合我国经济社会的发展情况，及时进行总结和调整。

（5）国家在办学政策及教育市场开发的问题上模糊不清。

这主要表现为：国家在一些独立二级学院的审批建设方面界定不清、要求不规范、监管不力，从而致使二级学院的发展越来越偏离办学的初衷。类似的还有各种研究生进修班、各种名目的培训班等，它们大量挤占了学校正常的教学资源，影响了学校功能正常有效的发挥。关于教育市场的问题，目前，教育产业化在教育界或社会各界都引起了强烈的反响。他们希望国家采取更为灵活多样的办学模式、办学机制，扩大高等教育的力量，增加人们接受和选择高等教育的机会，满足人们日益增长的高等教育需求。但现实是，虽然《民办教育促进法》已经颁布实施，但民办教育的发展仍举步维艰，民办高等教育与公办高校相比，两者实力差距太大，根本不能相提并论，而公办高校在办学模式上基本还是国资独大，即使少数高校引入了一些社会化机制，如国有民办二级学院等，也难以撼动原有体制的根基，这都直接影响着我国高校发展的进程，对高校的管理也产生了不小的影响。

出现这些问题的原因主要在于：一方面，人们对高等教育产业化的认识不一致。高等教育能不能实行产业化是当前人们关注和议论较多的问题，也是一个有争议的问题。虽然目前，国家在此问题上已经比较明确地指出：我国不实行高等教育产业化，但前几年的争论和政策的模糊，使一些高校在近些年的发展上，部分地走了教育产业化的路子。这样一来，以发展高等教育，积极拓展投融资渠道，扩大办学规模和实力为目标，高校当然就可以在部分领域按照市场经济规律进行办学，就可以明确地讲投入与产出，讲效益，也可以多种形式引资、多种形式办学。按照这种思路，上述的扩招、办学创收、大力吸引民间资金创办二级学院等都可以得到很好的解释。另一方面，这种情况的出现不全是政策模糊造成的，国家管理监控的不力和高校追求自身利益而故意为之并设法规避制度的约束是又一个重要的原因。在前几年，关于教育产业化的问题，国家和社会都在进行广泛而热烈的争论，政府在此时采取了"主持人"的角色，不随便评判，使争论越来越广泛和深入大众，各种立场都据理力争，这些争论冲击着人们的传统心理，让人们形成了多元化的立场和认识，应该说，这是社会的一种进步。但多元化的社会并不意味着政府就该无为，其应该有自己的价值判断，应该有维护社会正常秩序、维持社会公平、正义的职责，即使在这种新旧思想破中有立，立中有破的不均衡时期，也应该有一套维持社会正常运转的方法。而此时，高校在高等教育大发展的时代面前，既想壮大自己，又受利益的驱动，积极努力通过各种途径和措施去争取政策、指标，举办各种的学位班、培训班，创办各种形式的"二级学院"，壮大自己的经济实力，甚至于完全以经济利益为目的，偏离了高校的办学方向和性质，在社会上引起了强烈的反响。在这种情况下，政府应该有所判断，积极行动，积极引导人们的认识。然而遗憾的是，政府对高校的一些监控约束制度并没有有效地建立，对各高校故意规避政策、制度的约束等问题，没有采取相应的制止措施和办法，如对一些二级学院的评估审查不到位，对一些培训班的审批不科学、不规范，对一些违法违规办学处理不严格，从而使一些学校越来越偏离办学的方向，单纯以追求经济利益为发展目标，严重影响并冲击着高校正常的教学管理秩序。

2. 高校内部行政管理体制方面的问题

由于高等学校数量多、种类不同，存在的问题也不尽相同，总体上来看，我国高等学校内部管理体制存在的问题是多方面的，较为突出的表现在以下几个方面。

（1）高校的党政关系一直未能得到有效的理顺，干部的任免制度缺乏科学性。1998年，《高等教育法》明确规定高校实行党委领导下的校长负责制，还规定校长为高校的法人代表，全面负责学校的行政管理工作。但从实际操作过程来看，高校党政关系的理顺全靠书记和校长的个人感情来决定，有的高校书记和校长之间不团结，争权夺利，对学校的发展产生许多不良因素，并进而影响到一个学校的学术作风。

（2）在高校的发展进程中，学术权力未得到充分尊重，大大弱于行政权力。一方面，高校中往往行政意志、部门意识过分突出，忽视了学校的学术特点，没有充分发挥专家和各专门委员会在管理学校中的作用；另一方面，在管理的重心上，行政地位突出，教育规律体现不充分。特别是在高等学校决策与管理中，由于长期已形成的过分依赖行政权力的倾向，造成体现高等学校运行特点与规律的学术权力有限，学术人员参与决策与管理的机会较少，范围有限。另外，由于我国高等学校实行的是党委领导下的校长负责制，党委是最高决策机构，然而党政之间出现关系不清，党政不分或以党代政、党委包揽一切的现象，更削弱了学术权力。

（3）高校泛行政化、官僚化严重，思想传统保守，效率低下。长期以来，学校管理机构的设置基本上参照政府的行政模式，政府内部有什么部门，学校也相应设置什么机构，并实行与政府相同或相似的运行逻辑和机制。如关于机构设置，突出的问题是机构重叠，机构庞大；关于职能结构，职能不清、职能不顺、职能不配套的现象普遍存在；关于权责体系，依然表现为权责不明、权责错位、权责失衡；关于人事设置，人浮于事，人事脱节的问题依然存在；关于领导体制，层级间不连接、部门间不协调状况十分明显；关于制度体系，缺乏明确的岗位责任制、有力的责任监督机制和有效的激励机制。高校内部的组织机构仍然套用着政府规定的行政级别（而企业已经废除了行政级别制度），而且这种高校内部组织机构特别是大学校长的行政级别特征在最近几年得到了进一步的强化。

（4）分配不合理，收入差距大，严重挫伤了教职工的工作积极性。高等学校内部分配的不合理现象，除不正之风因素外，特别是近十年来的"创收"热兴起之后，由于各系甚至各专业与市场的密切联系程度不同，而不是因为工作量、社会贡献等的不同，造成了教职工工资外收入差距过大，加上学校协调不力，致使教职员工人心浮动，影响着正常的教学工作。一些部门单纯追求经济利益，偏离办学方向，影响教育质量，加大了管理的难度。

（5）缺乏较为科学合理的评估、考核制度。其中最突出地表现在教师职称晋升方面，重研究成果轻教学效果，重数量轻质量等现象，对高等学校培养专业人才职能和发展知识职能的发挥都造成了不良的影响。在学校行政管理工作方面，重行政审批，轻事后评估、检查、监督和责任落实制度，致使一些高校领导作风浮躁，盲目办学，追求面子工程，数字政绩。如搞这样那样的大学精神，办学环境，形象工程；搞这样那样的创建，这样那样的活动，却不解决教学科研或教职员工关心的切身利益问题，结果是劳民伤财，收效甚微，甚至适得其反。

（6）高等学校管理模式单一，学校内部管理缺乏竞争机制、激励机制和责任监督机制，效率低下。管理观念、手段陈旧，缺乏市场理念和竞争意识，仍旧沿用旧的行政命令管理模式，依然习惯于计划经济体制下对待权利与义务、投入与产出的思维模式。如在干部任用上，虽然是公开选拔，公开聘任，可实质上绝大多数依然实行终身制，许多岗位资源没有发挥应有的作用；重视资金、项目的审批管理，忽视资金、项目的过程监督和结果评估，国有资源使用效率较低，国有资源、教育资源浪费严重。

造成这些问题除了上面已经提到的原因，还有其他方面的因素。

（1）在计划经济条件下所形成的高校的准行政化，造成了人们思想观念上的诸多片面和僵化的认识。例如，在许多人的心目中，高等教育"事业"是国家的上层建筑，是国家管理的，不能实现产业化，也不能进行大力的改革。这些思想认识上的误区和禁区，又会导致改革行动上的误区和禁区，从而阻碍我国体制改革的继续推进，也成为许多问题迟迟不能解决的主要原因。

（2）教育行政管理对高校内部管理的影响。正如前面在教育行政管理方面存在的问题中所指出的，由于政治、经济和社会管理诸多方面的因素，使得国家对高校一直采取一种较为直接控制的管理模式，并为了加强管理，一直主要采用行政命令和行政指导的管理手段，并赋予了高校许多非教育管理职能，因此，对口设置相应的组织机构，履行相应的组织职能便成为一件非常重要的事情。作为中国的事业单位，高校的建制一直采取准政府的模式，学校内部也建立了与政府大致相对应的组织机构，除了一些非常专业化的管理机构外，其他基本都有对应，政府各部门也相对应地对高校实施管理和控制。学校有级别，干部有级别，学校并根据不同的级别享受不同的政治待遇、物质待遇。高校内部的建设也一直采取小社会模式，一切都由国家包办，学校有附属幼儿园、小学、中学，有医院，有邮局，有公安分局（处），学校与社会的联系比较分散，总之，有自己一套独立的运行机制，完全可以称得上是一个小社会。

（3）学校的主体应该是教学科研人员，行政人员是为教学科研服务的，教学科研人员应该在学校享有较高的声望、地位和劳动报酬。而实际情况却是高校承载了过多的非教育职能，强化了高校行政权力的突出地位，以团结、稳定、安全为原则，行政服从替代了学术讨论，学术权力成为行政权力的附庸，行政人员在学校中地位高于教学科研人员，行政系列人员对教学科研人员指手画脚，甚至还趾高气扬，不可一世。当然，不能否认行政队伍中也有精英人才，其中许多主要干部往往还是学科带头人或学术骨干，但由于体制行政化，他们在其中也自觉不自觉地被行政化，自然就弱化了学术权力在人们意识上的地位和作用。高等学校教师与科研人员缺编，而后勤服务人员过剩，同时又存在着办学经费不足、教职工工资、福利、住房、医疗等方面的诸多严重问题，这样就难以充分调动教职工的工作积极性。

（4）高校内部领导制度的缺陷。如党委领导下的校长负责制如何运作，政策上虽然有些规定，但是，具体事情权限不明，并最终导致还是书记管一切的情况。关于副书记、副校长的任免都由上级政府主管机关决定，书记、校长不具有决定权，这就造成校级领导班子中的正职和副职之间是一种工作的分工关系，而不是一种领导关系，也为领导之间产生矛盾留下了制度空间，并演变成许多高校都存在的权力派系现象，直接影响了高等学校内部的运行效率。

（5）受教育产业化的影响，一些学校、学院（系）等单位，为了谋求自身的经济利益，片面理解甚至曲解教育产业化的真实意思，想方设法争取举办各种培训班、提高班，设立二级学院，以经济利益为目的，偏离了学校的办学方向。而学校在这些方面没有有效的制度约束和监控措施，甚至干脆视而不见任其发展，最终造成了在一些学校之间、部门之间收入分配严重失调，引发了教职员工的不满并冲击了学校的办学质量，加重了其管理负担。

第三节　我国高校行政管理体制改革的依据

以发展为主题，以结构调整为主线，以政府部门放权和管理体制创新为动力，以提高办学质量为出发点是这一时期高等教育改革的主要特征。高等教育体制和运行机制正从适应计划经济转变为适应市场经济；资源配置正从政府主导型的计划配置转变为政府宏观指导下的发挥市场调节作用；教育政策越来越体现公平与效率的统一；人才培养规格和模式日益多样化；教育在促进思想道德观念的更新，促进社会进步方面作用越来越大。建立现代大学制度是当前高等教育改革深化的必然要求，也是内部改革的外在动因。

随着高教改革重心的逐步下移，高等学校本身在改革中的地位和意义已经越来越重要。发达国家的历史经验也表明，教育的改革必定经历一个从系统的、宏观的层面转向学校层面的过程，这种转向是由高等教育本身的使命和功能决定的，因为人的培养毕竟是由学校承担的。随着高校办学自主权的落实，高校的办学规模和办学内容逐渐在扩大，内部管理活动的独立性和重要性也日益显现。如学校的发展计划和目标的制定与落实；学校财政和资源的自主筹措、运作与分配；办学质量的控制；体制的创新与发展；公共关系的开拓与发展；教职员工与学生的沟通；围绕办学工作的管理与服务等重大问题上，高校的权力越来越大。革除高校内部的种种不适应症，建立起具有自我发展、自我约束、精简高效的内部运行机制是建立现代大学制度的微观基础，也是内部管理体制改革的目标。这是来自高校内部的直接动因。

大学作为学术性的文化机构，具有组织的一般特点，又在管理制度和管理模式上有其鲜明而复杂的特征。由于学术活动的"自然模糊性"特点，使得大学的组织目标很难规定得具体明确，大学也很难像一般社会组织一样严格按照理性管理原则，如利用科层化和科学管理来设置机构、划分权限和进行明确清晰的职责分工去实现效率的最大化。这种模糊特征决定了大学的管理是追求建立有效率的、灵活的、创新型的管理制度和运行机制，这种模糊特征也表明，做好大学的管理工作是相当有难度的。作为规模庞大、职能众多的知识型组织，大学的事务正变得越来越复杂，现代信息技术的发展又极大地改变了学校管理的职能和模式，大学的管理职能已经由"传统性学术田园的守望者"转变为"创新性企业型大学的开拓者"，管理在大学的生存与发展中越来越重要。加强管理，向管理要效率、要质量、要效益是高校生存发展的根本大计。

一、教育行政管理体制改革的因素分析

一定的高等教育总是与一定的社会历史条件相联系的，分析社会的宏观背景可以为我们认识、分析高等教育提供更广阔的视野，帮助我们揭示高等教育改革发展的深刻社会动因。研究中国当代高等教育的宏观背景就应该认真分析我国社会主义初级阶段的基本国情，分析当前国内外社会政治、经济、科学技术和文化教育等的发展变化，及其对中国当代高等教育所产生的深远影响。

第一，国家政治体制和行政体制改革的深入推进和发展，对高等学校行政管理体制改革提出了客观要求。我国政治体制改革本质上是我国社会主义政治制度的自我完善和发展。我国政治体制和行政体制改革的内容主要表现为：完善党的领导机制，实行党政分开，促进党的领导与行政管理的协调统一；强调行政管理权力要进一步下放到地方政府，加强地方政府在区域社会发展与经济建设过程中的主体作用和决策权限，加强宏观指导和监督；解决行政效率低下的问题，消除无用的机构设置，精简各级行政机构，增强行政效率。这些方面的改革促进了社会主义物质文明和精神文明建设，扩大了社会主义民主，巩固了人民民主专政，维护了安定团结的政治局面。社会主义政治体制和行政体制的发展变化是我国高等教育管理体制和运行机制发展最为深刻的社会动因，为我国高等教育的体制改革和高等教育行政的职能转换创造了有利的条件。

第二，市场经济体制深入发展和不断完善要求高等教育管理体制应进行相应的改革和调整。在社会主义市场经济体制下，多种经济成分的并存和发展冲击着学校办学主体的单一化格局及相应的管理模式。经济主体的多元化排斥着高度集中的教育决策行为，要求决策主体在决策权上明确划分。随着包括劳动力市场、资金市场、信息市场等在内的市场体系的健全，市场的多变性、竞争性、开放性及信息网络性的特点，日益要求学校面向社会需要独立自主办学，要求教育行政部门的宏观调控要有合理的依据。

自著名经济学家舒尔茨等人创立"人力资本理论"后，教育资源作为人力资本已被列为生产性投资。"教育是全局性的、主导性的基础产业"的观点已在世界范围内取得共识。高等教育生产的是有巨大外部效应的准公共产品，即它不仅对受教育的学生有效益，而且对国家和全社会都有效益。这一特征使得高等教育又具有"公益事业"的特性，因而不能以营利为目的。但高等教育又为经济建设和社会发展培养高级人才，不可能完全由国家财政包办。基于此，在社会主义市场经济体制下，把高等教育作为一个特殊产业来开发，在一些院校和领域采取某些市场机制和企业经营机制，如重视产、供、销的衔接，重视投入与产出，讲求效益，在财政和人事制度上运用适当的竞争机制等，对高等学校的发展是十分必要的。

市场经济的改革促使高等教育观念的转变，进而推动政府制定适应市场经济发展的高等教育政策、法规，这些政策、法规就成了大学与政府关系模式转变的基本依据。现在大学已成为社会经济发展和国家生存不可缺少的事物，成为社会的"轴心机构"。现代社会，政府越来越关心高等教育的发展在国家与社会发展中的作用，越来越要求高等教育与社会经济发展相适应，越来越倾向于通过立法、行政、经费资助等手段来影响高等教育改革与发展的方向。因而，在现代大学的发展与改革中，政府制定的政策、法规发挥着越来越重要的影响作用，这种影响作用在集权式的高等教育管理体制（我国应属于这种类型）中显得尤为突出。当计划经济体制向市场经济体制转变之后，人们逐渐认识到，计划经济体制下，政府大包大揽的方式已不能很好地维持高等教育系统的运转，甚至会成为高等教育继续发展的障碍。解决这一问题的唯一方法是下放权力，让大学具有更多的办学自主权，使它们能独立地面向市场。基于上述认识，政府制定了一系列有关扩大高校办学自主权的政策，并最终在1998年通过的《中华人民共和国高等教育法》（简称《高等教育法》）中明确规定了高校在诸多方面的自主权（《高等教育法》第32条至第38条）。应该说，《高等教育法》中关于高校自主权的明文规定是在市场经济条件下实现大学与政府关系模式转变的最重要的法律依据。

在市场经济条件下，高校经费来源的多样化成为大学与政府关系模式转变的经济基础。《高等教育法》第86条规定："国家建立以财政拨款为主、其他多种渠道筹措高等教育经费为辅的体制，使高等教育事业的发展同经济、社会发展的水平相适应。"普通高等教育经费来源构成的这一变化（即政府拨款所占比例的下降和民间资金所占比例的升高），既构成了大学与政府关系模式转变的基础，又是大学办学自主权扩大的一个主要方面。

国民经济的快速增长对高等教育提出了更高的发展要求，为高等教育的更快发展提供了更充分的条件。实行改革开放政策以来，我国初步建立了社会主义市场经济体制的基本框架，形成了全面对外开放的新格局，社会经济保持持续高速增长，国内需求旺盛，综合国力得到明显增强。毫无疑问，经济的高速增长一方面要领先高等教育的快速发展，对高等教育提出更高的发展要求；另一方面也为我国高等教育的持续发展提供了强大的物质基础。可以说，国民经济的快速发展是改革开放以来，我国高等教育持续快速发展的根本原因。

第三，高校要求落实办学自主权的迫切要求。在国家集中计划、政府直接管理的以条块为主的高等教育管理体制下，高校办学由政府越俎代庖，政府对高校管理的有效性要求不高，只需对上级与计划负责，而不需对经济与社会负责。政府部门为管理而管理的思想严重，便于管理和约束是教育行政部门关注的首要问题。因此，他们管理的典型表现是热衷于不断地下文件、作规定、下指标，习惯于批评通报，喜欢干预学校具体的办学行为，不敢放手让高校依法独立办学，结果使得教育行政部门管得过多、过死，管理手段和途径越来越单一，管理职能不断扩大，造成政府自身管理效率和效益的低下。实践证明，这种管理模式严重阻碍了高校管理效益和办学效益的提高，扼制了大学自主发展的生命力。

目前，我们正在深入完善社会主义市场经济体制，市场经济体制决定了高校必须解放观念，以市场主体的身份逐渐步入社会大市场。高校越来越成为一个开放的系统，这使得高校同社会的联系更为广泛和复杂。高等教育要适应教育与社会一体化的发展趋势，必然要吸收社会信息、资金、技术等各种资源，只有这样才能发挥其功用与效能。高校与社会系统之间以及由此而引发的高校内部的新情况、新问题越来越多，同时，知识经济时代对知识创新的要求又使得高等学校进一步强化了其功用与效能，使其从最初的教学单一功能转变为教学、科研两个中心，继而又从社会服务发展到今天的教学、科研、产业化服务并举，成了决定国家和社会发展的命脉之所系。换言之，高校肩负着发挥多样化办学功能的历史使命，在这种情况下，高等学校必须能够根据环境和形势的改变而灵活调整自身的发展和生存方式。为了解决这个矛盾，就要让人才培养的供给方（各个高等学校）与需求方直接联系，并且要让供给方具有按照需求方的多种要求灵活调整培养计划的能力，即高校要有办学自主权。与此同时，现代高等学校管理的本质特征是"自主"，但现状是政府对高校的旧的管理模式已不适应新形势的要求，国家包揽大学的办学体制和行政干预以及直接管理的手段已经受到强烈冲击，但仍旧还在发挥作用，相应的市场手段、法律手段尚未得到有效充分地建立，高校自主权的落实还未得到有效的体现，为此，一些高校在许多方面对政府转变职能，放权于高校有了更多新的要求和期待。但是，对于落实自主权的问题也不能走到另一个极端，即只重视放权而不重视权责的统一。

第四，高等学校通过近些年的调整、合并，学校规模不断扩大，对管理提出了更高的要求。众所周知，管理不是无限的管理，它的作用对象总是有限的，总有一定的范围，管理对象超出这个范围，对管理的效益和效率就会产生影响，造成管理的低效益、低效率，甚至造成管理混乱、无序、无效，以致适得其反。目前，高校的数量庞大，规模庞大，且由于旧体制的遗留问题，使得高校管理事务庞杂，而市场经济对高校的影响也越来越大，高校的招生、就业、后勤社会化、人事制度改革、融资渠道变化等，越来越受到市场和社会的影响，政府对此管理起来越来越力不从心，不能灵敏地把握市场对高等学校的新需求，也不能完全满足高校的发展要求。因此，必须及时地对传统的管理体制进行改革和创新。

第五，办大教育的要求。人口众多、自然资源相对不足、生产力水平不高和区域发展不平衡是我国基本国情的集中概括。这一基本国情对我国高等教育事业的发展具有根本的制约作用，是我们思考有关发展战略与制定宏观规划的基本出发点。为充分发挥现有高校的有限资源，为社会培养更多的建设人才，研究出更多更好的科研成果，更好地服务社会，我国需要大力加强高校管理体制改革，充分挖掘管理潜能，发挥管理效益，消除各种体制的束缚性因素，从而让一切创造科研成果、培养人才、服务社会的源泉充分体现出来。

二、高校内部行政管理体制改革的因素分析

1. 教育大众化和教育收费制度的需要

近几年，我国高等学校的招生人数每年都在按两位数的速度递增，学生人数在不断地增加，学校的规模在不断地扩大。20世纪90年代中期以前，万人大学在中国就是非常了不起的学校，而现在，万人大学比比皆是，动辄

三四万、五六万人的大学也不少见，真正可以称得上是一个小城市的规模。随着并轨招生制度的实行，学生开始缴费上学并承担教育成本，由于招生规模扩大，高等教育开始向大众化方向发展，学生缴费上学使高等教育市场化的性质得到一定程度的体现。为此，高等教育成为人们关注的焦点，人们开始关注教育的效益、效率和公正性，这也对新形势下高校管理提出了更高的要求，新要求要加强管理问题研究，提高管理水平和效益，充分释放管理能量，提高办学效益、效率，不断满足日益社会化的高等教育的发展要求。

2. 提高高校管理效率和效益的需要

目前，在我国高校的管理体制中，管理的科学性、民主性不够，对办学效率和效益缺乏一套科学的评价、激励、监督和约束机制，仍然习惯于计划经济条件下的思维模式，泛政治化思想比较突出，习惯于以社会效益为借口掩盖投入与产出之间的矛盾和弊端，忽视资金的使用效率。在项目建设投入上，过于重视项目的审批，缺乏相应的科学、民主的决策体制，轻视项目建设的过程管理和结果管理，从而在许多项目建设上造成了低效益，浪费了资源，加大了成本，这些都要求我国要理顺管理体制，改革与现实状况不相适应的管理制度和办法，从而提高办学效益，更好地为社会发展提供更多的人力资源和知识支撑。

3. 高等学校发展的内在需要

中国高等教育正处在重要的转型期，这种转型既是适应国内国际经济、社会发展的需要，也是中国高等教育本身的一种创新；既是高等教育外部关系的一次调整，也是高等教育内部的一种改革。在新形势下，一些传统的体制性因素束缚了高校的深入发展，如办学体制问题、投融资问题、人事管理、分配制度、保障制度等问题，如何面对新的机遇与挑战，在管理办法上有所创新和突破，是所有高校都在深思和必须解决的重大问题。高校要发展，要壮大，就必须要大胆突破传统的管理理念和制度，积极学习借鉴和创新性地吸收发达国家高校管理的经验和做法，要对不合时宜的管理制度进行大胆的改革和创新，积极探索一些适合自身发展的新机制、新措施，不断推进学校的建设发展。

4. 国家事业单位改革的需要

改革开放以来，特别是近几年来，国家积极推进事业单位改革，转变事业单位职能，实行事业单位机构和人事制度改革，在选人用人机制、职称评价、分配制度、保障制度等多方面进行了积极的探索和实践，积累了有益的经验。在高等学校也积极推行了相关的改革和试点，形成了较好的改革氛围和条件。

高校在新的形势下，必须面对改革的大趋势，深入分析社会的新变化，明确高等教育职能的新内容、新任务、新要求，及时调整自己的管理制度、机制和办法，主动面对国家事业单位大改革的挑战，共同推进社会的全面发展。

5. 落实办学自主权和实现高校内部管理科学化的客观需要

实现大学内部管理的科学化必须以扩大高校的办学自主权为其根本前提，高校办学自主权的最终落实有赖于大学内部管理科学化的实现，高校办学自主权是实现大学内部管理科学化的根本前提。高校办学自主权是指高校独立行使的自主改革和自主发展学校的权力，具体地说，就是高校可以自主地进行教育、科研、办校产和后勤服务的权力。本质上，高校办学自主权问题主要是关于大学与政府部门之间权限的分配问题。扩大高校的办学自主权就是政府对高校的放权，高校从政府的附属地位变为有独立法人地位的办学实体，对外拥有发挥与拓展教学、科研、成果转化与产业化等社会功用与效能的自主权力，对内拥有人力、财力、物力等教育资源配置的自主权力。

管理科学化的本质是对组织所拥有的资源进行理性的配置、组织和利用，使之产生最佳效果。而一个组织所拥有资源的数量和质量决定其生产和提供产品的规模、质量，直接影响一个组织的整体实力和竞争力。高校任何一项工作的开展都离不开管理，而且在某种程度上，管理的科学化与否直接关系到工作的最后成败。在新的发展形势下，各高校要想在新一轮的发展竞争中脱颖而出，占据发展的制高点或有利地势，就必须向管理要效益，实现大学内部管理的科学化，以管理促发展。这就决定了新的历史时期，高校办学必须要主动适应新的环境，大力加强管理制度的改革和创新。当然，权力与责任是一对伴生物，权责相应原则告诉我们，当高校拥有办学自主权的同时，也就规定了其应承担的责任。换言之，若政府已经做到放权，接下来的工作就要看高校是否要这个权以及如何用好这个权。落实办学自主权不是国家单方面的要求，不是说国家给了自主权，自主权就落实好了，它还需要高校科学、合理的使用，这也是高校必须要面对并要创新的问题。

6. 稳定教师队伍，提高教师素质，为高校培养、储备高素质教育人才的需要

在高校的人事改革方案中，争议最大的就是为什么改革首先要筛选教师，而不是针对行政管理系统。校方的理由很简单：用阻力最小、最可操作的方式推进改革，"改革没有最优，只有次优"，学校要建成世界一流大学，必须要有一流的师资队伍，基于这样一种逻辑，学校当然要首先建设师资队伍，这也是当前许多高校进行校内管理制度改革的基本逻辑起点。但是，许多时

候,我们忽视了一些基本的事实,那就是高校行政化、评价机制不完善,却没有从根本上得以解决的原因在于政策的制定者和执行者离这些问题太近,大有"不识庐山真面目,只缘身在此山中"的意味。当然,这种"不识"是真的"不识",抑或假的"不识",只有这些政策制定者自己最清楚。高校给出的解释很好地说明了其中的原委。笔者认为,要建设一流的大学,不仅要有一流的师资队伍,更要有一流的管理。如果仅仅有一流的师资,而管理落后,必然产生管理的低效能,直接影响并限制教师才能发挥,最终也难以建设一流的师资队伍。当前,一些高校的教训就深刻说明了这一点,这也是一些人在一个单位体现不出人才的价值而到了另一个单位却得到重视,一些人才在国内显现不出才能,一旦到了国外才能便得到充分发挥的原因之所在,因此,在某种意义上讲,管理的重要性更显得突出。基于此,要建设一流的大学,一流的师资,必须建设一流的管理,使管理真正为教学科研服务,为教学、科研保驾护航,使教学科研人员真正对学校产生归属感,安心教学、科研,从而为学校的发展奠定最基本也是最重要的基础。

7. 遵循教育规律,还权学术的需要

高校是一种社会机构,任何机构的运行都需要一定的权力资源作为支撑,并要按照一定的规则来加强管理和运用。高校与一般社会机构的不同之处在于,它是学术性的组织,教学、科研工作是其中心工作,其管理也必须按照学术性组织的特点与规律来运作。具体来说,高校必须按照教育规律来培养人才,按照科研规律来开展科研工作,在社会服务方面也必须遵循教育和知识的价值规律,这就要求从事学术的人必须具有相应的学术权利,在相应的决策活动中具有相应的决策权。

改革开放以来,学术权利开始受到关注,一些学校先后组建了学术委员会等机构,但是学术权利仍然非常有限,是在行政权力之下执行有限的学术权利。比如,大学教师的职称评审工作,评审条例和评审权力都是由行政部门确定,评审委员会也是由行政管理部门决定组成,评审委员会上面还有由学校党委书记、校长、人事处长等组成的评审领导小组。学术委员会通过的事情,行政部门不一定批准,而学术委员会通不过的,却可以通过行政审批。评审机构通过向各评审单位下指标、定标准,严格控制评审活动的开展,导致评审工作就是不断地填表和发表文章,以致有人戏称"填表教授""填表专家"。更可怕的是,由于这样的制度安排直接决定一个人的命运,使得我国许多高校的学术评价机制严重扭曲,学术行政化,学术评价让位于关系,一些教师为了评审,花费大量的精力进行相关论文的发表和人际关系的建立,直接影响了教师的工作积极性和有价值的学术成果的产生。因此，在当前形势下，必须改革不合理的行政权力和学术权力配置模式，还权于学术，给予学术相对独立的发展空间，发挥教师教学、科研的积极性和创造性，使他们将自己的主要精力和时间用在教学科研上，产生更多的教学科研成果，从而服务于社会。

第四节 我国高校行政改革的主要思路、对策和建议

加速推进和全面深化我国现行的高校管理体制改革，这既是当前我们所面临的一件十分重要和紧迫的任务，又是一项异常复杂和艰巨的系统工程。我国现行的高校管理体制与我们所设计和选择的改革目标模式之间还存在着相当大的距离，深化我国高校管理体制改革的目的在于更好地适应正在不断变革中的社会经济环境，同时，也只有不断地改变各种相关的社会经济条件和环境，才能进一步深化高校管理体制改革。就当前我国各项改革的实际进程和状况来看，在实现新、旧体制转轨转型的过程中，我们依然面临着一系列的改革难题和障碍，只有排除这些改革障碍，解决这些难题，才能实现既定的改革目标。

一、教育行政管理改革

第一，进一步解放思想，转变观念，这是继续推进和深化我国高校管理体制改革的先决条件。

在计划经济体制条件下，人们已经形成了一整套与传统事业单位管理体制相适应的传统事业观念。例如，长期以来，科学、教育、文化、卫生、体育等社会活动被视为"事业"，凡是"事业"就应由国家包办，凡是事业人员均为"国家干部"；该"事业"属于上层建筑领域，属于非生产性活动，不创造价值；"事业"单位所提供的各种产品和服务，均属社会公益性和福利性的公共产品，不能实现产业化与市场化。这些观念既是形成传统事业单位管理体制的理论基础，又是其现实的反映。改革开放以来，人们的传统思想逐步得到一定程度的解放，传统观念有所转变，但从深层次上看，在我国现行的"事业"领域里依然存在着许多改革的禁区或误区，其根源就在于人们思想认识上依然存在许多禁区或误区，不改变这些落后的观念，改革就会寸步难行。为了推动思想解放，促进观念转变，统一思想认识，明确改革目标，尽量减少改革的阻力和改革的成本，我们必须大力加强高校管理体制改革方面的理论研究，认真总结前期改革的经验，积极开展学术交流和理论宣传，

创造良好的改革环境和条件。与此同时，我们还要转变旧观念，树立高等教育管理社会化的思想。长期以来，有关部门一直坚持高等教育管理就是行政管理，高等教育管理体制就是"行政体制"或"属于行政体制"的观点，迄今为止的教育管理体制改革并没能解决影响我国教育发展的深层次问题。因此，在教育管理体制改革的过程中，必须从理论上打破传统观念，树立"高等教育管理社会化"的思想，推进管理主体社会化，实现管理效能社会化，从而促进我国高等教育与社会政治、经济的改革发展相适应，以实现高等教育管理体制改革的最终目标。

第二，建立政府宏观管理、学校面向社会依法自主办学的管理体制。

随着政治和科技体制的发展变化，针对高等教育事业发展的实际需求，彻底理顺政府与高等学校、中央与地方、中央教育主管部门与中央其他业务主管部门之间的关系，逐步建立起举办者、管理者和办学者职责分明，中央与省级政府分级管理、分工负责并且以地方为主，条块关系有机结合，学校面向社会依法自主办学的高等教育管理新体制。

目前的高等教育管理体制表现为政府在教育管理中行政干预过多，学校自主权很小，已不能适应市场经济的要求。因此，转变政府职能和放权便成为我国教育管理体制改革的一条主线。长期以来，我们处于政府主导型的社会，在高等教育方面表现得尤为突出。由于高校绝大多数为国家主办，政府很难从事务性管理中退出来，高校也就谈不上自主办学。政府对高等学校的管理是高等学校发展的根本保证。这里不是对高等学校管不管的问题，而是如何管，管到什么程度的问题。社会越进步，高等学校越发展，政府对高等学校的法令法规也就越多，这是一对矛盾。要解决这一矛盾，政府就要对高等教育进行必要的、适当的和合理的管理，具体来讲就是由直接管理转为间接管理，由硬性管理转为软性管理，只有这样才能使高校办学自主权得到真正的实现。在政府对高等学校的宏观管理中，政府应代表最广大人民群众的根本利益，根据社会发展趋势对高校提出教育要求，但不直接管理和控制高校内部的运行环节与过程，不干预高校内部的日常事务，不在学术领域里使用行政命令。政府职能主要体现在对高等学校系统的宏观管理，体现在把握高等教育事业的方向和质量标准等方面，概括而言，政府对高校的管理应主要体现在对教育的规划和立法、教育经费的管理与控制、教育的评估与监督这三个方面。当前，我国在高校办学自主权和大学内部管理科学化方面存在许多问题，如在办学自主权方面，权力下放得不够、不彻底，下放权力的转移，自主权的约束等问题，直接影响到学校的管理科学化，综合起来看，最大的问题就是两者未能很好地协调与配合。针对这个问题，笔者认为，当前要处理好高校办学自主权与大学内部管理科学化的关系，实现两者的同步完成，应从以下几个方面着手。

（1）观念上，高等学校不但要"扩权"，而且也要"用权"，两者必须统一。首先，作为政府主管部门，要确实改变大一统的管理观念，适应时代变化对大学提出新的要求，真正下放权力，使高校拥有真正的办学自主权，变过去的具体管理为必要的宏观管理。值得注意的是，在权力的下放过程中，不但要讲究力度，而且也要讲究速度。在现实当中，由于政府不愿放权或者害怕一放就乱的疑虑，因而行动迟缓，影响了高校的自主发展。此外，比较特殊的是，对于划转、共建共管和权力下放到省级主管的高校，权力要切实下放，防止权力被转移。对于滥用自主权和权力一放就乱的高校，可以通过评估等监控机制，及时采取措施，予以纠正。其次，作为高等学校，必须改变过去那种坐等上级指示和命令的无所作为的管理观念，要意识到办学自主权不仅是大学应有的权力，同时也是大学健康发展的原动力。对于政府所下放的自主权，高校应主动整合，并根据学校自身的特色运用到高校的管理当中，从而推进管理的科学化进程，让自主权适得其所，发挥出最大的功效。按照新的管理体制，高等学校应该是独立办学的法人实体，拥有依法充分行使自主办学的权力。具体来说，高校可以根据国家颁发的有关法律、法规，依据国家确定的专业目录制定招生计划和基本的录取标准、培养规格和基本学制、学位和职称颁发评定标准，高等学校在专业设置、招生、指导毕业生就业、组织教育教学活动、开展科学研究与技术开发、筹措和配置及使用经费、机构设置与人事安排、职称评定与工资分配、对外交流等方面拥有充分的自主权。学校要努力形成主动适应国家经济建设和社会发展需要的自我激励、自我发展、自我约束的运行机制。

（2）政府应转换高等教育的管理职能，理顺条块关系。在新的体制下，政府不仅要向学校下放高等教育管理的很多权限，并且其管理的职能也发生了根本性的转换，即从过去主要的直接行政管理转变为更加重视运用规划、法律、经济、评估、信息服务等途径实现宏观管理；从过去具体的办学过程与日常事务管理转向宏观的办学目标与发展方向管理；从过去单一依靠政府行政职能部门管理转换到日益重视发挥社会学术组织、研究机构和民间团体等中介组织的管理作用。新体制的基本框架是中央与省级政府两级管理、分工负责，并且根据区域经济迅猛发展的实际，进一步扩大或强化省级政府管理发展高等教育的职责与权限。中央政府的职责主要是制定国民高等教育事业的宏观规划、基本政策与质量标准，组织高等教育办学方向与质量效益的检查评估，为高等教育改革发展提供综合的信息服务，直接管理一部分关系国家经济建设和社会发展全局或者地方政府不便管理的重点大学。在中央宏观指导下，省级政府对所属区域的高等教育在制定发展规划、开发配置资源、组织检查评估，以及新设专科及高等职业学校的审批等方面拥有管理决策权。

第三，完善高等教育法制，为高校自主权的扩大和大学内部管理科学化提供保障。

要实现高校办学自主权的扩大和内部管理科学化，必须有强有力的法律法规作为保障。现行的《教育法》和《高等教育法》以及其他相关的法规法令虽然对高校的办学自主权和学校的管理做出了一些规定，但还不够完善，对于规范政府、高校、社会的职责、权利、义务和行为等具体方面，还有待于现行法律的进一步完善以及其他相关法律的出台。经过不断的改革，我国高等教育中央与地方政府的分级管理以及条块结合的体制已经初步建立，面对新的形势，政府如何加强宏观管理，涉及政府职能和管理方式的转变，这是教育体制创新的关键，有待于继续探索和创新。归结起来，调整政府与高校的关系必须解决好三个问题：如何面向市场、依法办学和民主管理。加强教育法制建设、依法治教是我国教育现代化的历史选择。然而，我国的教育立法工作还处在架构体系、完善法规的阶段。第三次全国教育工作会议特别强调，要按照《中华人民共和国高等教育法》的规定落实和扩大高校办学自主权，增强学校适应当地经济和社会发展的活力。"高等教育办学自主权"这个高校改革和发展的关键问题，不仅要有较为明确的法规、条例支持的宏观外部条件，还要有高校内部改革、自我约束的微观内在机制。否则，"高等教育办学自主权"的问题又会回到传统计划经济体制下"一放就乱，一收就死"的局面。因此，我们必须将整个教育系统建立在法制的基础上，用法律来维护各管理主体的社会地位，划分各自的权限，明确各自的义务和责任，并真正做到"有法必依、执法必严"，只有这样才能保证高等教育高效有序地运行。

（1）政府管理的权力与责任、政府与高校的关系，只有建立在法律的基础上，依法行政，依法办学，教育体制的改革与创新才能走上法制化的轨道。政府从直接的行政管理向间接的宏观管理转变，涉及责、权、利关系的调整，将引起政府管理手段和方式的革新。由于长期受计划经济体制的影响，政府教育行政管理部门习惯于用计划手段和行政审批方式直接管理教育事业，很难用法律的、经济的、政策的、信息的方式实行宏观调控，这里既有思想观念和行为习惯的原因，也有利益分配的因素，涉及市场经济条件下政府职能和政府行为的法律规范问题。法律既保证政府有力地行使其职能，又制约政府的行为，有利于政府职能的明确界定，其基本原则是凡属市场调节的领域，政府主要是规范市场运作，发挥市场的调节作用；凡属市场不起作用的领域，则政府施加行政干预。

教育的不同部分也要区别其提供的是公共产品、准公共产品、私人产品等不同性质进行分类管理和分类指导，要调整和革新管理手段和方式，尽量减少行政审批手段，把精力更多地放到战略规划、依法行政、政策指导、信息服务以及各种间接调控的手段上，政府是行政机构，高等学校是教学和学术机构，两者的活动内容与方式不同，因此，政府管理高校应遵循教育规律与学术规律，进行宏观、间接管理。

（2）加强政府的宏观管理，表现在政府与学校的关系上，是使政府从直接的行政管理转向依法进行宏观管理，保证学校的办学自主权；表现在政府与市场的关系上，是由政府制定和执行市场准入与市场运行准则，规范市场运作，发挥市场对教育的适度调节作用。政府适当应用市场机制进行宏观管理，必须坚持公平与效率的原则，优胜劣汰，效率优先，追求利益的最大化。对弱势群体造成的教育机会的不均等和不公平，要求政府在应用市场机制进行宏观管理的过程中，一方面，要明确公共教育资源主要是政府教育经费的分配，应当坚持公平优先、兼顾效率的原则，即在平等地保证基本需求的前提下，向效率高的优质教育部分重点倾斜，并且创造一个公平竞争的环境和机制；另一方面，应运用经济杠杆调节教育供求关系，建立和完善政府和社会的资助制度，通过奖学金、助学金、贷学金等形式，帮助家庭经济困难的学生获得平等的受教育机会。我国城乡之间、地区之间教育水平、教育条件和教育机会的差距很大，大力加强农村教育，提高教育水准，让农民子弟有更多的机会进入高等学校，是我国政府教育宏观管理中的一项重要任务和重大课题。

（3）建立与社会主义市场经济相适应的高等教育运行机制。在市场经济环境中，旧有的高等教育运行机制必须调整。培养高级专门人才，创造新科技知识的高等学校，在市场经济条件下必然会或多或少地与劳动力市场、知识市场建立关系，并受到市场活动的直接调节，为此，高等学校要成为一个相对独立的实体，拥有自我支配、自我约束和自我发展的权益。当然，在社会主义市场经济中，高等学校与市场活动的关系不是自发的、盲目的，而是要处在国家政府的有力导向、干预和调控之下，是国家政府宏观计划下的市场调节活动，例如，对于提供"准公共产品"的高等院校，政府应该实行宏观调节。笔者认为，在社会主义市场经济环境中，高等教育运行过程中，政府、学校和社会市场的关系应该是"政府宏观调控，学校自主办学，市场积极引导"的模式。政府的宏观调控主要是运用计划、行政、法律、经济等手段，对高等教育的办学方向、发展进程、教学活动及教学结果等方面进行调控。高等学校自主办学，一方面要在国家政府的宏观调控之下；另一方面则要在市场活动中得以强化。价值规律、等价交换原则和市场作用机制使得高等学校在办学活动中引进市场机制，适应社会供需变化，不断形成自身特色，同时，在外部竞争压力和内在利益的驱使下，逐步形成自我积累、自我发展、自我约束、自我完善的能力；在自主办学、保持自身特色的前提下，积极建立横向联系、联合协作的办学模式。对高等学校而言，市场概念包括两大部分：一是高等学校外部市场（社会市场），它包括劳动力市场、科技知识市场和资金市场等；二是高等学校内部市场（院校市场），它主要指高等学校内部活动中的一些市场现象、市场要素和市场关系。

（4）建立以政府办学为主，社会各界共同参与的办学体制。办学体制涉及有效开发高等教育资源和充分激发高等教育发展活力的问题，并且与高等教育管理体制相互影响，这也是这些年来我国高等教育体制改革的重要内容。高等教育办学体制改革的基本方向就是要打破政府绝对包办办学的局面，逐步形成以政府办学为主体，社会各界共同参与的办学新体制。关于这一办学体制，在理论认识和实践探索上要坚持如下原则：其一，必须坚持以政府办学为主体。在现代社会，高等教育一方面是对经济建设和社会发展起基础、全局和先导作用的知识产业；另一方面也是一项崇高的社会公益事业，它具有经济、政治、文化的广泛社会功能，涉及对青年一代的培养和国民整体素质的全面提高，是国家综合实力的重要构成。因此，在我国现有的社会主义经济、政治基本制度的条件下，从提高综合国力和坚持正确的发展方向着眼，高等教育必须坚持以政府办学为主体，也就是在高等教育事业中保证公办学校的主体地位。其二，必须鼓励和支持民办高等教育的发展。支持社会各界投资兴办高等教育，鼓励民办高等教育的发展，这可以更广泛、更有效地开发利用各种社会资源以弥补政府财政投入的不足，同时还有利于探索高等教育多样化的发展管理模式，从而更快地发展高等教育事业。鼓励和支持民办教育，这符合高等教育发展的内在需求，也是国内外发展高等教育的共同经验。另外，我国社会主义市场经济体制的建立与不断完善，国民经济的快速发展和经济成分的不断多样化，也必然要求高等教育办学主体的多元化，同时也为这种多元化提供了必要的经济基础和多方面的有利条件。其三，必须抓紧研究和妥善处理中外合作办学的规范管理问题。中外合作办学，国外资本与教育机构进入我国高等教育市场或者我国高等教育进入国外教育市场，这是我国高等教育办学体制改革发展中的一个特殊问题，加入世界贸易组织以后，这一问题将会更加突出。因为根据世界贸易组织的有关协定，视教育为服务性贸易，要求各成员国对外大范围地开放高等教育。我们要抓紧对这一问题的研究，并在高等教育办学体制中对此予以明确定位，尽快制定出相应的基本政策和管理办法。在这一问题上的基本方向就是既要遵循又要充分利用有关的游戏规则，既要进一步扩大开放，允许外国教育机构和资本进入我国高等教育市场，又要注意坚决维护国家教育主权，同时还要鼓励我国的高等教育机构看准时机，大胆地向国外教育市场发展。目前，《中外合作办学条例》和《高等学校境外办学暂行管理办法》都已颁发，为有关管理工作提供了明确的法规依据。

（5）在实现政事职责分开、机构分开、人员编制分开的基础上，更重要的是实现政事管理体制分开。具体来说，事业单位在机构名称、机构等级，劳动人事制度、工资福利制度、目标考核制度、组织领导制度、财务管理制度、组织运行与管理方式等方面，均应与行政机关脱离，严格实行政事运行机制与管理方式分开。高校应取消行政级别，并采取简政放权等多种过渡性措施，逐步淡化并最终完全剥离事业单位与其主管行政部门的隶属关系。在此基础上，按照建立现代事业制度的设计构想进行事业法人登记，使其成为依法面向社会，自主开展事业经营的独立事业法人，完全实现政事分开的改革目标。

（6）对扩招带来的困难和问题，政府和高校应当共同努力解决。在宏观层面上，政府要发挥服务和监督控制职能。政府要充分做好高校扩招的论证工作，制定参与扩招高校的评估体系标准，对要求扩招的高校进行严格审批，并根据高等教育的发展规律，重新调整扩招的人数，从而在制度上制止各高校的盲目扩招。在微观层面上，高等学校必须对自己的学校教学、生活场地、设施、设备和师资队伍进行定位，要量力而行，不要追求短期效应，要制订学校短期的发展计划和长期的发展规划，使学校沿着持续、稳定、健康的轨道发展。

（7）对合并中出现的磨合、人事调整等依靠高校自身力量难以解决的问题，从政府角度要充分发挥好宏观调控的管理职能，协调好各个方面的关系，进行有效的行政干预和指导。对于高校合并工作，要根据具体情况进行科学、合理的论证，不能搞政策诱导，少一些行政化色彩，走科学评估之路。从学校角度来说，首先，要充分认识到合并的难度，并引导教职员工主动参与、积极配合。其次，完成对学校办学思想的重新塑造。采取兼收并蓄的策略，既要保留客体大学原有的优势，又要逐步将主体大学的先进思想融合进去，实现学校办学战略和办学目标的完全一致。再次，在学校管理上要实行集中下的适度分权。在实现统一领导的基础上，实行校、院（系）两级管理模式，其中校级领导处于管理的中心位置，主要抓宏观工作，如学校的发展规划、校内各种关系的协调等；院（系）一级则侧重于微观方面的具体工作，如教学管理和科研工作。最后，要促进学科的深度融合。应根据新学校的发展规划，按照"厚基础、宽专业、多方向"的原则进行学科专业、课程的调整与建设，实现学科渗透，优势互补，资源共享，从而使学科发展形成良性循环。综上所述，面对我国高等教育体制改革中出现的这些难点问题，政府要注意发挥好宏观职能，加强引导，大胆探索改革的新模式，而各高校也要在实践中不断挖掘自身的潜力，努力提高学校的教育质量和科研水平。

（8）建立科学、合理、公正的评估体系。建立科学、合理、公正的评估体系对于高校的良性发展具有重要的作用和积极的意义。只有在这样的评估体系下，高校对其教学、科研、学术等工作的质与量才能准确评价，只有在准确评价的基础上，才能使学校的分配制度有合理的依据，才能调动起教师对工作的积极性，最终保证高校的教学科研质量。在这些体系的建立中，不仅要充分考虑我国的特点，而且还要吸收借鉴西方发达国家的经验，引入社会化的测评机构、测评制度等，如建立教育行业协会、教育评估所、资产评估所等中介组织，从而真正建立起具有中国特色的科学、公正的评估体系。

（9）关于教育产业化的问题。目前，教育部部长在公开场合已经明确表示，高等教育不实行产业化。事实上，教育产业化是一把双刃剑，利弊都有，究竟采用与否，在于国家决策层的意志。但是，笔者认为，作为世界上许多国家都在采用和借鉴的一种模式，我们不能概而否之，特别是在我国，教育基础较为薄弱，政府还无力承担高校发展所需的巨额资金需求，适当实行教育产业化，对我国高等教育发展是有帮助的，也是切实可行的。但必须要明确，实行产业化是一种有限的产业化，它既包括在一些领域实行产业化模式、机制，又包括这些模式、机制在这些领域所起的作用也是一定程度上的，比如高校的投融资、招生就业、后勤管理、专业设置等，由于与市场联系较为紧密，可以相对实行一定程度的产业化改革；对于一些二级学院的设立，究竟哪些学校可以设立，哪些学校不能设立，设立的二级学院的权限和办学模式，国家要根据各个高校的不同地位、作用进行相应的规范，而不能让一些市场化的因素在高校泛滥成灾，影响高校的整体发展。

二、高校内部的管理体制改革

高等学校内部的管理体制改革是一个相当复杂的问题。目前，我国高等学校在这方面存在的问题还比较普遍和严重，不仅与我国社会发展的需要不相适应，而且还严重制约着高等学校自身的有效运行，妨碍着高校职能的充分发挥。改革高校内部的行政管理体制，要从政府管理的模式中走出来，按照教育规律管理学校，在教育教学观念改革已经取得重大进展的背景下，为教学、科研、服务工作创造良好的运行机制和外部环境，这既是实施科教兴国战略和发展社会主义市场经济的需要，也是高等教育改革和发展的需要。基于上述种种原因，笔者认为，今后的改革重点应在以下几方面进行创新和突破。

1. 切实实行党政分开，明确各自职责，加强学校领导干部的任命机制改革

改革高校领导单一的委任制，全面实行聘任制，实行任期制。改革是基于这样一个事实，即学校不是一级政府，学校的运作必须遵循教育教学的规律，不同于政府的运作逻辑和运作轨迹，如果把行政委任制照搬到学校，走行政逻辑之路，很容易冲击学校正常的教育教学的规律，挫伤教职员工的积极性。从某种意义上讲，校长就是一所学校的代表，一所好的学校必须要有好的校长，好的校长不是上级政府委任出来的。克林顿从总统位置上下来以后，先是想去竞争哈佛校长，后又有意去牛津当校长，但都被拒绝了。正如哈佛的解释，"像克林顿这样的政治精英，可以领导一个超级大国，但不一定能领导好一所大学，这是两回事"。在实行聘任制的过程中，要建立相应的约束机制，选拔过程要公开，由教师代表大会、工会代表大会、教授委员会等组成考察委员会，负责选拔与监督，要举行一定范围的公开答辩，接受教职员工的质询。

2. 理顺学校内部学术权力与行政权力的关系

要淡化行政级别观念，重视学术权力，建立教授委员会等组织，广泛吸收学术人士参与决策和管理，充分发挥高等学校的学术权力在管理决策中的作用。学术权力和行政权力在高校中都有其存在的必要性和局限性，两种权力不能互相替代或以一种权力掩盖另一种权力。但从我国目前高校的现状来看，学术权力应处于主导地位，这不仅是因为现行的高校结构中，行政权力居于主导地位，甚至还有掩盖学术权力的趋向，更重要的是，高校的教学、科研和社会服务都是具有独立性和创造性特点的知识活动，并且基本上是以学科为基地展开的，只有从事这些活动的专家对于这些事物才有最权威的发言权。当然，提倡以学术权力为主导并不是抹杀行政权力的作用，两者的有效整合是处理权力结构的关键。

3. 转变管理理念，树立经营学校的观念

一切改革，必须观念先行，没有观念的转变，就不可能有行动的解放。在社会大转型和大变革的时代，高校必须及时调整自己的办学理念和管理理念，积极吸收借鉴先进经验，创新自己的管理思想。高校不再是封闭的象牙塔，日渐与社会紧密联系，这使得高校社会化的进程加快。高校投融资体制的转变，社会化办学的冲击，高等教育产业的日渐深入发展，都迫切需要高校遵循教育发展的规律和市场发展的规律，以经营学校的观念来指导学校的管理工作，不断扩大自己的办学实力，从而更好地为教学科研服务。

4. 加强高校管理职能的调整，促进机构改革的进程

高校以前的管理主要是一种行政管理，是一种大管理和单一管理。在知识经济时代，知识已经不再是间接地影响经济，而是直接参与经济活动，已经成为经济生活的一部分，知识的作用不仅通过掌握知识的劳动者体现出来，而且可以直接变成财富，即实现知识的物化。一些国家机关、企业团体等在高校建立研究中心，不少高校也相继创立和发展了科技园及一批高科技企业或企业集团，这样就使得高校的管理对象复杂化，管理内容多样化，管理需求多元化。在这样的新情况面前，高校要及时调整自己的管理职能，明确哪些是必须管的，哪些是不必管的，哪些是可以委托管理的，从而把管理学校的主要精力放在学校的发展大局上，并根据自己职能的变化，适时进行相应的管理机构改革，从而提高管理效益和效率。

5. 加强高校人事分配制度改革

厦门大学高等教育科学研究所名誉所长潘懋元认为，之所以新一轮高校管理体制改革的内容都与人事制度有关，是因为人事制度改革是一切行政制度改革的核心，高校改革当然也要抓住这个核心问题。现在都讲核心竞争力，核心竞争力这个概念来自于最新的企业管理理念，企业的竞争不仅是产品的竞争，更表现为企业内部群体创新能力的竞争，是人才的竞争。笔者认为，大学的核心竞争力在于师资，而管理则可以充分发挥师资的潜能。传统的人事分配制度平均主义严重，不利于人才的发挥。要通过人事分配制度改革引进竞争机制，实现人才的合理分流与利益的合理分配，从而提高教职员工的待遇，充分调动广大教职员工的积极性，发挥他们的聪明才智，以形成强大的学校竞争力。在改革中，要改变以前认为的人事制度改革就是让员工下岗、分流的简单做法，要结合中国的实际和中国高校的特殊情况和特殊地位实行科学、合理的改革办法，如实行减员增效或增员增效，不能把一切负担都推向社会。总之，人事分配制度是推进我国高校管理体制改革过程中所面临的又一个重大难题，它必然会遇到较大的改革阻力，需要我们在制定政策的过程中，走科学化、民主化、理论联系实际之路，积极、稳妥、有序地推进改革。

6. 建立和完善社会保障制度

根据我们所选择的管理体制改革的目标模式，我国必然要实行机构的大调整、大转向和大裁员，除了极少数机构与人员应还政于政之外，其他大量的人员应进行分流，在实现政校分开、校企分开之后，事业单位的人员分流到企业，这也就意味着个人身份的转变及相应待遇的改变。显然，传统观念与既得利益等因素无疑将成为实现机构调整和人员分流的一大障碍。因此，必须加速我国现行的人事制度、住宅制度、户籍管理制度及其他相关配套制度的改革，尤其是要加速建立和完善新的社会保障制度，这是实现高校人员分流的基本保证。我国现行的社会保障制度是适应计划经济体制要求建立起来的，带有供给制的色彩，覆盖面窄，社会化程度低，保障功能差，管理体制混乱。就高校来说，基本上完全与行政单位一样，由人事部门履行养老保险职能，由卫生部门履行医疗保险职能，所有这些保险制度实际上是通过有关人员所在的单位来实现的，从而造成了事实上的单位保险制。在这种传统的社会保障制度下，一个人一旦离开了所在"单位"，就会失去相应的社会保险待遇，这无疑是实现高校人员分流的又一大障碍。我们认为，在进一步深化事业单位体制改革的过程中，国家可以采取一种新的改革思路，即根据中国干部人事制度的实际情况，在承认和保留现有事业单位人员身份及相应待遇的基础上，先将用于社会保险的经费单列出来，再设立相应的社会保障机构负责集中管理，将其与原来事业单位的其他经费脱钩，逐步剥离事业单位的社会保障功能，实现社会保障的社会化。这样既可以有效地减轻事业单位的沉重负担，又可以改变社会保障单位化、部门化的严重弊端。从长远来看，分离公共事业经费预算与社会保障经费预算，建立现代化和多元化的社会保障体系，这也是建立社会主义市场经济体制的一项基本内容。

7. 建立和完善高校内部的评价体系和考核制度

目前，高校内部的管理评价考核体系（包括干部评价体系、员工评价体系、学术评价体系等）比较僵化和落后，对人才的成长与发展产生了一些误导和不良影响。中国科学院正在试行职称评定改革，这在社会上引起了很大的反响，政府机关也在试行一些新的考核制度和办法，如问责制的建立和落实。高校要在这样一种大背景下，积极思索和创新自己的评价考核体系，主动面对已经到来和即将到来的挑战，大力改革高等学校的教师评定考核与奖惩制度，使之能有效地调动教职员工的工作积极性，在高校形成一种良性的运行规律，从而有利于高校的整体发展。

8. 加强高校管理方式和管理手段的转变

在高校管理对象复杂化、管理内容多样化、管理需求多元化的今天，要积极创新传统管理模式，将传统单一的行政命令引入市场管理理念和手段，加强高等学校与社会的联系，尽快建立与完善高等学校与社会相互合作的有效机制。与此同时，还应完善中介组织，发挥中介组织的作用。在当今社会，必须依靠中介组织的各种功能，如桥梁作用、缓冲作用、服务作用、监督作用、资源配置作用，以达到降低交易成本的目的。

9. 建立健全高等学校内部的各项规章制度和加强组织建设

制定完善的大学章程，组建教代会、工代会、教授委员会等学术组织和职工权益组织，并切实赋予其相应的职权，充分发挥其作用，在重大问题的决策上能够起到决定性的作用。加强对各系统及各组织行为的有效规范，特别是在自主权不断扩大的过程中，需要尽快建立完善的自我约束机制。在政府的宏观管理下，自身能够实现有效的管理和运行，保证各项职能充分协调地发挥。在建立相应的约束机制后，在规范比较健全的情况下，一些管理领域可逐步向管理工作专业化、职业化方向发展，如后勤服务工作、学生管理工作、科技服务工作等。

参考文献

[1] 谌启标. 比较教育与管理 [M]. 福州：福建教育出版社，2016.

[2] 代静. 高等教育管理与教学研究 [M]. 西安：西安交通大学出版社，2017.

[3] 宋秋前. 现代班级教育与管理 [M]. 杭州：浙江大学出版社，2015.

[4] 徐友辉，何雪梅，罗惠文. 高职院校学生教育管理创新研究 [M]. 成都：西南交通大学出版社，2018.

[5] 梁迎春，赵爱杰. 高等教育管理与质量评价研究 [M]. 西安：西安交通大学出版社，2017.

[6] 牛菁. 基于信息技术的校外教育管理与评价 [M]. 上海：上海科技教育出版社，2017.

[7] 秦梦群，黄贞裕. 教育管理研究范式与方法论 [M]. 北京：教育科学出版社，2014.

[8] 董立平. 高等教育管理价值通论 [M]. 厦门：厦门大学出版社，2014.